孔学古微

徐梵澄 著

李文彬 译 孙波 校

华东师范大学出版社

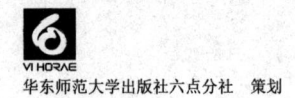

华东师范大学出版社六点分社　策划

关注中国问题
重铸中国故事

缘　　起

在思想史上,"犹太人"一直作为一个"问题"横贯在我们的面前,成为人们众多问题的思考线索。在当下三千年未有之大变局中,最突显的是"中国人"也已成为一个"问题",摆在世界面前,成为众说纷纭的对象。随着中国的崛起强盛,这个问题将日趋突出、尖锐。无论你是什么立场,这是未来几代人必须承受且重负的。究其因,简言之:中国人站起来了!

百年来,中国人"落后挨打"的切肤经验,使我们许多人确信一个"普世神话":中国"东亚病夫"的身子骨只能从西方的"药铺"抓药,方可自信长大成人。于是,我们在技术进步中选择了"被奴役",我们在绝对的娱乐化中接受"民主",我们在大众的唾沫中享受"自由"。今日乃是技术图景之世界,我们所拥有的东西比任何一个时代要多,但我们丢失的东西也不会比任何一个时代少。我们站起来的身子结实了,但我们的头颅依旧无法昂起。

中国有个神话,叫《西游记》。说的是师徒四人,历尽劫波,赴西天"取经"之事。这个神话的"微言大义":取经不易,一路上,妖魔鬼怪,层出不穷;取真经更难,征途中,真真假假,迷惑不绝。当下之中国实乃在"取经"之途,正所谓"敢问路在何方"?

取"经"自然为了念"经",念经当然为了修成"正果"。问题是:我们渴望修成的"正果"是什么?我们需要什么"经"?从哪里"取经"?取什么"经"?念什么"经"?这自然攸关我们这个国家崛起之旅、我们这个民族复兴之路。

清理、辨析我们的思想食谱,在纷繁的思想光谱中,寻找中国人的"底色",重铸中国的"故事",关注中国的"问题",这是我们所期待的,也是"六点评论"旨趣所在。

点 点

2011.8.10

Contents 目录

1 **序**
Introduction

1 **第一章 孔子生平**
Chapter One Life of Confucius

17 **第二章 孔子生平(续)**
Chapter Two Life of Confucius (continued)

26 **第三章 周游列国**
Chapter Three: His Travels

41 **第四章 儒学大义**
Chapter Four A Central Principle

54 **第五章 儒学大义(续)**
Chapter Five A Central Principle (continued)

68 **第六章 六艺**
Chapter Six Arts

83 **第七章 《诗》《礼》《乐》**
Chapter Seven Book of Poetry, Rites, Music

99 **第八章 《尚书》《春秋》**
Chapter Eight Book of History and Annals of Spring and Autamn

110 **第九章 《易经》**
Chapter Nine Book of Changes

125 **第十章 《易经》(续)**
Chapter Ten Book of Changes (continued)

140 **第十一章 夫子赞**
Chapter Eleven In Praise of the Master

149 **第十二章 颜子和曾子**
Chapter Twelve Yen Tze and Tseng Tze

163 **第十三章 子思**
Chapter Thirteen Tze Ssu

175 **第十四章 孟子**
Chapter Fourteen Mencius

188 **第十五章 孟子(续)**
Chapter Fifteen Mencius (continued)

205 **末章**
Conclusion

210 **译者后记**
Epilogue

序

　　几年前,国际教育中心希望我能开设介绍儒学的讲座,由于种种原因,最终未能如愿。我一直未曾忘却此事,后又觉得与其开设讲座,不如写本小书,略述儒学大义及其殊胜之处,或许会有更长久的参考价值。

　　众所周知,如果一部学术著作无有关乎永恒或重大的真理,通常逃不脱被人抛弃、漠视或遗忘的命运。难以计数的书籍,不可穷尽的讲演,任何心智成熟的成年人如果严肃且诚实地回忆,还能记得多少呢?只有少数异常聪慧的头脑还能记住以往的细节,即便如此,仍然有许多事物被遗忘了,消失在灰暗的空虚之中。遗忘是非常自然的事情,人类不断地进步,每当知识积累至繁复不堪,以至无法前行时,其中道理无论大小,都会一同泯灭。这事并非不幸,在某种程度上甚至还十分有益,正如同一个人不能也不需要在记忆中保存孩童时所学的一切一样。然而我们总是需要回顾过去,从被遗忘的文化遗产中搜寻知识,以新的眼光重新评估甚或使用这些知识。本书所讨论的古代知识,大多数东方学者仍然十分熟悉,现代人基本认为它已经过时了,虽然如此,但大略浏览一番也是一定会有所收获的。

室利·阿罗频多曾在与弟子的谈话中提及中国,我冒昧地引述如下:

> 弟子:"非常奇怪,斯宾格勒没有注意到民族的复苏和重新觉醒。"
>
> 室利·阿罗频多:"是的,比如中国。中国在非常古老的时代就已经有了城市。那是一个非常奇特的民族,一直受到侵扰,又总是保持不变。如果你研究一下千年前的中国历史,你会发现他们处在动乱之中,却仍然保持着自己的文化。
>
> 鞑靼王焚烧他们的书籍,试图毁灭他们的文化,但是没有成功。现在的动乱过后,即在两千年后,你会发现他们仍然和今天一样,对此我不会有任何惊讶之感。那正是这个民族的特点。"

当今世界很难找到对中国历史有如此清晰洞见的思想家了,这是多么精要且具启发性的评论呵!过往的历史显示出中国人非常保守,在某种程度上完全可以说,中国人之所以能够战胜所有内乱和外侵,主要是因为在 2500 年的历史中我们一直坚守着儒家的道路。公元 6 世纪上半叶,曾经有人试图用佛教统治一个大帝国,但是失败了。除此之外,道家是这个民族心思中的巨大暗流,但从未显著地浮上过表面。

今天,我们想象所及,只能是与人类不断地共同前进。室利·阿罗频多的谈话中涉及一个古老的理论,这个理论源自亚圣孟子,他认为人类历史一直处于以五百年为周期的轮回之中。孟子所说的轮回并非指首尾相接的圆周,显然他是从古代历史中推演出这样的结论,每五百年会出现一位真正爱好和平的君主,同时会有圣人将其时的一切安排妥当(参见赵岐注《孟子》)。孟子认为,从黄金时期的周代到他所处的时代已经七百多年了,却仍然没有理想的王国出现。孟子知道他自己就是那一众杰出人物中的一个。孟子心中的楷模,或说他最敬佩、最愿效仿的老师是孔子。翻阅中国历史,我们可以见到中华民族一直处于动乱之中,内乱与外侵交相更替。匈奴、鞑靼,还有蒙古人,这些来自中国北部或西北部的游牧民族,或出于贫困,或因艳羡古代中国文化辉煌的物质财富,不断入侵中国,成为中国人最持久的困扰。然而一旦中国重获和平,文化就会立即复苏,随即繁盛。中国历史上持续最长的和平时期是周代,长达八百多年(公元前1123—公元前 256 年)。此后也有若干黄金时代,废除死刑长达几十年,疆域之内的监狱空无一人,那是没有内忧外患的时代。

汉代的伟大历史学家司马迁,东方的希罗多德,曾计算出从周公(死于公元前1104年)到孔子间隔五百年,从孔子到他的时代也是五百年。司马迁十分珍视并自豪于他个人生在这样的节点或时会上,从而有幸跟随先贤的脚步。司马迁肩负着特殊的使命,他的著作《史记》可以媲美于孔子留下的文字。《史记》的记载结束于公元前97年,司马迁虽非圣人,但《史记》却是一部不朽的作品。《史记》中记录"天道"信仰,"天道"与星象相关,尤其与人有关,三十年一小变,一百年一中变,五百年一大变。三次大变组成一个大时代,其中的变化基本完成。这不完全是我们所理解的圆形,但是至少显示了人类的进步并不是一条无限伸展的直线。

我们知道,所有民族或个体生命的历史都充满了接连不断的上升期和下降期。其中有一个共通的特征:在最悲惨无助、毫无希望的时刻,会有"光"突然出现,有圣人降世。在印度,称之为"降世应身(Avatar)";在中国,则称之为应天命而生的"圣人"。《诗经》中有暗示,古代中国人也相信降世应身,曾提到神仙从山上降下,遂诞生了两位伟人。我们无法确知这样的信仰是否得到广泛的接受,其中涉及到古人如何理解"天"和"神",实属另一主题,暂且不论。总之,孔子正是出生在这样的时代。

孔子的生平及其时代背景后文会有详述。西方人对此并不陌生,从17世纪开始,甚至更早,西方世界就对中国文化渐有所知,其肇始且知名者如1580年来华的意大利传教士利玛窦(1552—1610),他受聘于皇室,并在北京生活了很多年。了解中国的西方人一定知道中国文化的高峰期和典型代表,正如信奉基督教的中国人一定了解耶稣的生平和事业一样。法国大革命之前整整一百年,《论语》、《大学》和《中庸》的拉丁文译本就已经在巴黎出版,之后不到五十年,杜赫德(Du Halde)百科全书式的著作《中华帝国全志》于1735年在巴黎出版。在西方文化界,每当一部东方著作译为任何一种西方语言——这是十分艰辛的开荒工作——其他语言的译本便会接踵而至。如今这样的译本数量众多,尽可随意取用。读者可以比较不同版本的译文,经过一番努力,然后获得正确的理解。误译是不可避免的,自古以来中国学者对经文就有不同的解说,学派之间的偏见亦无法避免。通过这种方法,即便不懂中文的读者也可以获得中文经典的核心观念。本书涉及的大多是人们常常提及却又略显注重不够的主题,我将这些主题放置在历史背景中讨论,并参考其他文化。我不想让读者负担大量的中文音译名,也不愿仅为造出一座古代教义的高台而堆砌学究式的枯燥概念。本书之所以采用简明、非学究式的表述方式,只是为了使读者易于理解。

我还想在开端处向读者提及一点,如果仅从外部来看,儒家的学问无法引起兴奋、惊奇甚或有趣之感。对于已经习惯于各种强烈刺激的现代人如此,对于古代人亦是如此。相较于世界上其他伟大的思想体系,儒学自身较少色彩和激烈性。在儒学中,我们见不到埃莱夫西斯(Eleusis)、涅槃、十地(Ten Bhumis)或逝去灵魂所往的三十三重天。关于生命有体,儒学中没有天鹅圣者(Parahamsa)、菩提萨埵或超人,但是有君子。关于人类活动,儒学未曾教导无为、苦修、弃绝或禁欲,没有炼金术、长生不老的炼丹术或驱魔祛邪的法术,也没有任何治病良方。儒学中有君子,但没有全能的宙斯,没有六天创造世界的上帝,没有被逐出伊甸园的亚当和夏娃。阿祇尼(Agni)、因陀罗(Indra)、阿黎耶门(Aryaman)以及韦陀众神殿中的所有神祇都不存在,更不用说阿胡拉玛兹达(Ahuramazda)和安格罗曼纽(Angromainyous)了。① 流行的观念认为儒学在本质上是世俗的,或以为儒学仅为一堆严格的道德训诫或枯燥的哲学原则。事实却恰恰相反,儒学在本质上是极具精神性的,亦有难以逾越的高度和不可量测的深度,有极微妙精细处乃至无限的宽广性与灵活性,甚或遍在之整全性。

我们身处现代世界,怀疑一切,欲以科学精神检验并重估一切过往之事。以上论述源出甚古,读者或许会认为这些论述有夸张过誉之嫌。孔子所处时代至今已有 2500 多年了,以中国人口之众,难道从来就没有头脑聪慧者挺身而出,

---

① 阿胡拉玛兹达(Ahuramazda)和安格罗曼纽(Angromainyous)是古波斯琐罗亚斯德教之善神与恶神——译者注。(凡书中译者所加注,皆注明"译者注",否则为原注。)

质疑孔子的学说,挑战他作为中华民族至圣先师的权威么?然而时至今天,都从未有人怀疑过孔子的精神性。什么是"精神性"呢?室利·阿罗频多的定义值得我们体味:

> 神圣圆成永远在我们之上;但是精神性的含义是要人在知觉性和行为中具有神圣性,并于内中和外部都生活在神圣生命之中;赋予这个词的所有次要含义都是拙劣和不实的。

这是一遍在的真理,而我们见到孔子正是这一真理的典型印证。如果将孔子视为婆罗门意义上的降世应身,我希望再次引用"神圣母亲"的话:

> 在永恒的变是之中,每一位降世应身都是未来更加完美之实现的宣告人和前行者。

在儒学中寻找不到起于后世的诸多学说和理论,但这不妨碍儒学的畅行,随着时间的推移,给予孔门教义甚或孔子本人的赞誉愈加多了起来。印度人认为圣言(Arayavada)是知识的来源,在中国亦是如此。总有一些教义,我们无需仔细审视便可信从。重估孔子的学说是正当且有益的事情,但是我们应当先以从以孔子所处的时代及其历史背景上来理解他的思想。我们甚可超越自己的祖先,虽然能否做到这一点至今仍可怀疑,然而在人类精神寻求的永恒提升之路上,古人于前行中所标示出的遗迹,我们是实不能夷之为平地的。

其主要原因正在人类本性之中。人类的心思总是趋向新奇与惊异,因此而有进步。自佛教传入中国,在其完全被收纳转变之前,曾吸引了这个民族中最优秀的智识头脑几近600年之久。源出中国本土的道教虽然不似佛教那般光彩夺目,亦是极具魅力,同样地在若干世纪间吸引了无数的天才人物,影响时间之长甚或过于佛教。而儒教的地位却一如既往,经世未曾动摇或颓败过。或有疑问,为何诸多聪慧人物会转向"异端"如佛道二教。答案是儒教平和而冷静,无法牵曳住炽烈的性情,此类人物自然较易转入其他宗教。这答案对于旧儒学来说或许恰当,然而肇始于宋代的新儒家却幸运得多了。时至今日,宋代儒学仍然占居主流。我不倾向于称儒学为国家宗教,国家信仰或许更为恰当。然而,如果这世界上有所谓的国家宗教,在中国,只有儒教负担得起这个称谓。即便在今天的中国,亦曾兴起研究孔圣思想的极大热潮,并且持续了三年有余。

有一则发生在元代(1277—1367)的轶事①或有助于阐明儒教的特点。读者需要明了一点,自公元4世纪初起,"三教"在中国并存而不悖。儒教在首,其外部为哲学,而内部核心是一宗教信仰;其次是佛教,中国人视之既非宗教亦非哲

---

① 参见《新元史·列传一百零八》第21卷。——译者注

学,仅为一"法",如以欧洲视角观看,仍可称之为宗教;再次是道教,有宗教一面和哲学或说形而上学一面,两方面差异之巨大,世界其他民族的宗教无有类似者。历史表明普通的中国人是极为宽容的。为争取皇权的支持,三教之间也有冲突,佛道之间尤其如此。皇帝的偏爱可以引出王公大臣的资助,其教义可以更加便利地在民众中传播。元文宗图帖睦尔(1328—1332)在位时,有高僧为帝师,由中国西部至京都,文宗命一品以下官员骑白马迎于郊外。朝臣皆依命跪地俯身,向帝师献酒,帝师不为之动,端坐庄严有似佛像。国子监祭酒鲁翀举杯对他说道:

"帝师,您是佛陀的弟子,天下僧人的老师,我是孔子的弟子,天下儒生的老师,让我们不必拘此礼节吧。"

众人皆惊。但帝师微笑起身,与鲁翀共饮而毕。

之后,文宗问鲁翀,三教之中,谁为最优,鲁翀答道:"佛教如黄金,道教如白玉,而儒教可比之为稻谷。"

文宗问道:"如此,儒教最为卑贱?"

鲁翀答道:"黄金白玉固然贵重,无之亦无妨,而稻谷则一日不可离也!"

文宗叹道:"说得好!"

当我们在史书中读到这则故事时,会发现对于一个头脑简单的外族君主,如此切实的比喻极易理解且具说服力。这比喻阐明了儒家教义对于维护生命的重要性,无论个人还是群体在生命中遇到的所有困惑,都可以在其中寻出答案。现代文明已经行至这样一个地步,生命问题是如此复杂,以至找不出任何满意的解答,苦难如此沉重,以至否决任何救愈之可能。如果将这些困难归约为一简单的程式,无论对个人还是对群体,问题的核心仍是如何寻到一种适宜且幸福的生活方式。如果此言确实,我们仍可从儒学的源泉中汲取多多。另有一则故事,一位蒙古太子曾说起,佛教僧人讲授佛学,他可以很容易地理解,而中国老师讲授儒学,他却很难明白。这是很自然的事儿,因为佛教的基本教义相对简单。虽然佛教戒律已经发展成了一套极其复杂且精细的系统,束缚压抑人的生命活力,但是原初却是十分简易的。第一戒是"不许杀生"。幸抑或不幸,儒教中没有这样的戒律。儒教对待事物的方式颇为不同,但与佛教归指不异。最终我们会发现,即使如此基本且重要的戒律,也是相对的真理,不为绝对。或许一位现代作家和思想家对这一观念的理解最好:"黄金法则"就是"没有黄金法则"。在中国,我们称之为"大道"。

在精神之域,养护生命且生命须臾不可离者,可称之为"神(divinity)"。印度人则妥当地视其为"彼"或"大梵"。孔子被尊为至圣先师,神的化身,但他本人极少谈论这一话题。关于"精神"的物质或物理方面,或说其人文方面,我们倾向于认为那是高度发展和文化了的生命,也可视其为文化本身。"文化"在汉语中的意思是,依照人性中的菁华而使人转化和完善。简单地说,中国历史上有两位圣人,中华民族3000年的命运端赖于此二人的塑造，时至今日我们仍然受惠于此二人，也可称他们为文化领袖。首先是周公，其次是五百年后的孔子。如果将中国历史和生活在中国之外的亚洲西北部、中亚和东南亚的民族历史相比较，"文化"的含义就会更加明显。生活在这些地区的民族古时被称为"蛮夷"，现在看来，这称谓并非全无道理。日本和西藏是两个对比明显的例证。日本在古时全面接受了儒教，并生发出自己的文化，然而在西藏却并未有之。

依泛神论的看法，宇宙间万事万物都具有神性。但是我们倾向于认为文化比其他一切事物都更具神性。如上文提及，可以视文化为"精神"之人文方面。然而精神之超越性在万物之上，冷峻地看待人的生死乃至世界之兴衰存亡，本质上却又与我们的生死和这个世界紧密相连。依照严格的逻辑原则，这似乎是一个悖论，然实为真理，是超越了逻辑的真理。古代中国的大多数圣人，如孔子和他的弟子以及践行相同道路的人，他们的思想皆着重在人文，在尘世或精神文化之域，用力在于转化人类的低等自性，锻造其品格，擢升人类至更高层度。其影响遍布极广，恒长且持久，中国文化因此发展与繁盛。从根本上讲，如果没有这一发展，我们仍旧处在原始阶段，一切有关于"神"的概念也将不会形成。我们或许可以称另一层度为精神之精神，中国的圣人从来没有公开教授过关于这一层度的知识，然而几乎所有名副其实的圣人都曾对"它"有过这样或那样的认识。只有少数人了解这一事实,如果仔细分辨圣人的言语和行为,一定会有所发现。古代圣哲或多或少都会言及对"神"的体悟和认识,然后却都归于缄默了。

在一本小书中很难讨论儒学这么庞大的主题,但却不妨一试。通常而论,研究和写作任何主题,欲不加主观批判,实非易事。写作者应当排除一切偏见或成见,无好无恶,必须客观地处理其所书写的题目,就事论事。然而,即使写作者仅仅陈述事实,仍会不自觉地在文句和书写方式中融入自己的意见,读者亦会不自觉地受到影响。作者或许自信公正,实际上却很难做到。更妥当的方式,也就是本书所取的方式,是让读者阅读原典文字,形成自己的看法。但这样做,就不能避免大量引用原文,读者最终可能茫然无所得,这是第一个困难。

另外,汉语的结构与一般欧洲语言差别很大,思考形式因而也不相同。古汉语对现代中国人来说是仍属易于理解的,其间的差别远小于古今希腊语。然而有一普遍问题,某些汉语词在英语中没有对应译词,只能制造新词,在英语读者看来自然十分古怪聱牙。能令译者毫无遗憾的译文是少之又少的,与原文意思完整对应、无增无减的译文几近天赐,赞赏之余,终是不可多得。除此之外的译文则如雾中赏花,风姿虽在,却总似轻纱笼面,这是第二个困难。

由此可知,写作这样一本小书将是一项艰辛的劳作,而且注定不能完美。我希望读者能循着引文阅读原书,如有可能,最好浏览原典。这意味着读者要对中国古代文化进行全面研读,至少需要阅读孔子编撰的《六经》,进而对孔学大义有更深入的了解。即是说,读者需要阅读和记忆大约四十三万个字,这对于中国古代学者来说,并不算什么难事儿。如今已有更科学和更先进的方法来解读文本了,但是同样艰辛的付出或许仍然不可避免。

1966 年于琫地舍里

第一章　孔子生平

公元前五世纪，即耶稣降生前五百年，是一个伟人辈出的时代。这些伟人在不满百年的一生中赢得了不朽的声誉，为尘世留下极其有益的影响，对于人类价值的创建做出丰厚的贡献。时至今日，我们仍然生活在他们的恩惠之中。据说萨摩斯的圣人毕达格拉斯活到公元前497年，印度的佛陀乔达摩大约在20年后涅槃。虽然这些记载并非十分精确，偏差亦不会很大。生平模糊不清的老子也生于同一时期，并且曾是孔子的一面之师。墨子则出生在几十年之后。苏格拉底（公元前469—公元前399）、希波克拉底（公元前462—公元前361）、柏拉图（公元前429—公元前348）都属于同一时期。孟子（公元前372—公元前289）比柏拉图略年轻，二人同样长寿且才智相当。这些人全都活到了心智成熟的晚年，尤其是享有"现代医学之父"之名的希波克拉底更是在世近百年。为何如此众多的圣人在同一时期分别出现于东西方呢？我们或可接受室利·阿罗频多的说法：他们都属于"上界之神圣力家族"，或如中国传统称之为"应天命而生"。文艺复兴时期有一理论认为，世界的德性从一个国家转移向另一个国家，首先从叙利亚移至波斯，然后到米底，这么依次传递。其中依稀透露出了相同的观念。

这些圣人之中，只有孔子一人的名字未曾与任何战争、流血和迫害的议论相关。墨家思想以利他为核心，甚爱和平，然而自墨子之后只传了几代，便几近灭亡。其中有一个主要原因，就是此派的杰出领袖都甘愿为其所追求的社会改革事业舍弃生命，于是他们的学说便随同他们的性命一样损失大半了。相较于世界上的其他宗教而言，儒教最少血腥和破坏性，更未曾以创造之意而行破坏之事。

拥有确切历史记录的圣者之中，孔子绝非最无名望，却唯独最无传奇色彩。即便在基督教外也尽人皆知的人物如耶稣，一生中也有将近20年的时间不见于任何记载。司马迁的《史记》中仍存有孔子的传记，不仅详细记录了孔子所说的话和所做的事，还分属各章对他的弟子和其他著名人物作了记载。《史记》类似一部传记集，同属儒家学派的哲学家孟子和荀子占据同一章节。《史记》还专以一章记述了精通儒学经典的汉代学者。中国文字历经了两千年也未曾有什么变化，我们仍可以像阅读现代报纸一样轻松地阅读大量的古典文献。

然而困难亦在于此。我们的研究工作不缺少文献资料，除《史记》之外，其他文献资料可谓数量巨大。向不熟悉中国古代文化的英语读者清晰明白地解说孔子和儒家思想，并非易事。读者首先要弄清楚诸侯的国名，公侯伯子男爵的姓名和头衔，宗族和家族的名称，山川、河流和关口的名称，还有依不同编年方式表述的日期和年代。不了解这些知识，就无法获得清晰的认识。事实证明，这确实是难以逾越的障碍，而且没有替代的办法。为使读者不被细枝末节所累，我会大致勾勒出孔子的生平。毕竟我们关注的只是孔子的思想和哲学及其教诲之大概。亦如老子曾对孔子说过，"子所言者，其人与骨皆已朽矣，独其言在耳。"

孔子生于鲁国，约略位于山东省西南部。孔子的祖先是宋国贵族后裔，宋是商朝皇族所居之国，商朝亦称殷朝（公元前1766—公元前1122）。孔子的曾祖父为躲避内乱移居鲁国。孔子的父亲叔梁纥在鲁国官居高位，是一名力大过人的武将。孔子的母亲颜征在亦是贵族血统。叔梁纥娶颜征在时年事已高，婚后五年生孔子，三年后叔梁纥去世。孔子三岁无父，二十四岁时母亲去世。

按公元纪年，孔子生于公元前552年9月28日，中国政府将这一天设定为教师节。古代学者早在公元3世纪就已经对孔子时代的日期做过精确计算，依照现代历法，这一日期最终确定无疑。孔子卒于公元前479年，享年74岁。

顺便提及，"孔子"在英语中通常译为 Confucius，源于拉丁文对"孔夫子"的音译,"孔"是姓,"夫子"是"老师"的意思。"子"是对人的尊称,亦如现世对知名人士的尊称。如此称谓还有嘉于老子、庄子、墨子等等。孔子的名是"丘",是"小山"的意思。孔子的字是"仲尼"①。孔子出生前,他的母亲曾去尼丘祈祷生一个儿子,孩子出生后,为了纪念,取名为"丘","仲"是"第二"的意思,而山的名字"尼"也一同放在了"字"里。由于后人对这位圣人无比崇敬,以至于这些普通的称谓近乎成为禁忌。如果在书中出现"丘"这个字,就要读成"某",表示不明确的指代。

至此为止,一切都很平常。孔子出生时是普通人的形状,出生前没有天使报喜,出生时天无异象,出生后身上也没有任何特殊的标记。佛陀乔达摩出生时曾有十二好相。这类传说并不是未曾有过,孔子出生前及其在世时都有过类似传说。例如某个孩子出生时掌中有字,后来成了名人。异相多与后世的英雄相关,英雄出生时或其母怀孕前曾有奇异的梦境,或见过奇特的景象,然而这些英雄大都不是十分重要的人物。曾有记载称,孔子的头顶四周高,中间凹,也就是说他的头骨形状特殊,这记载极可能是真实的,却根本算不上是神圣标记或吉祥之相。

孔子十九岁时娶宋国丌官姓女子为妻,两年后生下一

---

① 现在广泛使用的"名"(一个汉字)是正式名字,而"字"(通常为两个汉字,极少情况下也用一个汉字)作为通常用途使用。

子。孔子的儿子出生时，鲁昭公送给孔子一条鲤鱼，于是孔子给儿子起名为鲤，字伯鱼，伯就是"最大"。值得注意的是，孔氏家族的血统在过去 2500 多年间一直未曾中断过。孔氏家族目前已传至第 77 代，其中有一人是著名的大学教授。颜氏家族也以同样的传统生活至今。对世袭血统作如此确实记录的例证，如今在世界其他地方已经很难找到了。

在玩耍中领头的孩子长大后多能成为卓越的领袖。孔子儿时喜欢玩弄礼器模样的器物，模仿演示各种祭祀仪式和其他礼仪。这些作为可能源于其成长的贵族环境。当时贵族的基本教育以传统的礼仪为基础，旨在强健体格，启蒙心智。孔子青年时精力充沛，教养良好，成年后身高九尺六寸，时人称其为巨人（周朝使用十进制，1 尺大约相当于 22 厘米）。孔子力大过人，据说可以举起沉重无比的悬城门，这可能部分源于父母的遗传，部分源于经常的训练。孔子未曾以此显名，因为他的学问兴趣不在于此。有心的读者可能会注意到，大概除了商羯罗和罗摩克里希那之外，世界上从未有哪位伟大的宗教领袖体质羸弱。他们几乎全都体格强健，有能力承受世上任何必须承受的崇高的苦难。穆罕默德俊美出奇，身形健硕。孔子亦擅长射箭，古代的仪典上有许多仪式并饮酒，孔子在仪典上表演射箭时，人们争相前往观看。

孔子的父亲去世后，这一支的孔氏家族在经济上一直颇为拮据。孔子曾为当时的贵族工作，负责管理国家的谷仓，谷物在他的管理之下称量公平精准。孔子还曾负责管理公地,国家的牲畜在他的管理下大量繁殖。然而我们可以确信,孔子精通诗文,或者用现在的话说,孔子在20岁之前就已经对有关古代礼仪的知识非常熟悉了。当时鲁国有一个大夫,临终前在病榻上嘱咐自己的儿子要向孔子求学,并称孔子是自己的老师。这位大夫临终时说,据他所知,孔氏几代祖先都是贤德的圣人,孔子身为圣人之后,虽可能无权无势,但必为圣达之人。大夫的儿子遵从父亲遗愿,同另外一位公子南宫敬叔前往孔子处学礼。不久后,南宫敬叔向鲁昭公表明,自己想与孔子一同前往周都城。周都城是当时权势业已衰弱的周朝王室所在之地。昭公为他们准备了一辆车、两匹马和一名随从。三人前往周都是为了学习古礼,他们见到了掌管周朝王室典籍的老子。这次旅行之后,求学于孔子门下的弟子渐渐多了起来。

孔子从23岁起直至生命结束,身边一直有众多弟子追随。他教授过的学生有3000人,其中著名者有72人,或说有77人。孔子说过"有教无类"①,还曾说过"自行束修以上,吾未尝无诲焉"②。只有当孔子在朝为官时,他身边的学生才有所减少,而且这一情况也并不十分确定。"有教无类"是一件十分特别而且了不起的事情。这种做法完全不同于古代婆罗门,印度的婆罗门阶层认为精神知识的传授只限

---

① 参见《论语·卫灵公篇》。
② 这段文字有一种英文译法为:"我不会拒绝教授那些已束起头发,衣着得体的人。"指"超过15岁的人"。

于再生者。这就难怪现代人称赞孔子是颇具民主精神的教育家了。

了解孔子所处时代的政治背景,有利于理解中年孔子的政治生活。孔子生活在周朝后期,史称"东周"。孔子编订的史书《春秋》,起始于公元前722年,结束于公元前481年,记述了东周初期的历史,史称"春秋时期",这是一段相当混乱的历史时期。

公元前770年,由于西北蛮族的入侵,周朝将原在陕西的都城向东迁往洛阳。西周王朝随着都城的陷落寿终正寝。在欧洲,罗马帝国大约崛起于公元前753年,约略在西周都城陷落20年之后。而周朝的命运颇似罗马,在西方陷落后,继续存活在东方。周朝不同于罗马帝国的地方是,东周中央政府的权力从此逐渐衰弱,随后两个多世纪里仅仅保留着古旧的传统,从形式上维持着统摄诸侯国的威望和尊严。

前面已经提到,春秋时期是中国历史上最混乱的时代。中华民族的生命力处于良好的约束和规范之中已经400余年了,春秋时代正是一个生命力磅礴爆发的时代。如果西周是经典时代,与之对比鲜明的春秋时期则是浪漫主义的革命时代。今天的人们喜欢将这一时期和随后的战国时期一同赞誉为自由与解放的伟大时代。旧制度在这一时期土崩瓦解,中国文化进入史无前例的繁荣期,出现史称"百家"的各种哲学流派,当然实际上不足一百家,但确是后世所不可比拟的。这些哲学派别与希腊的著名哲学流派对应出现,在思想上也颇为相似。如果没有发生于前的经典时代,没有和平与统一的西周时代,如果中华民族的文化之力未曾经过近400余年的规范和蓄存,我们无法想象会有这样的思想迸发期出现于后。"不积大水无以成洪流","种优土沃才会花开奇彩",说得正是这个道理。

古代学者曾用类似现代统计学的方法统计过发生在春秋时期的大事件。春秋时期有15个重要的诸侯国,还有一些存在时间极短的小采邑。东周王室共有12个正式的君王或君主,实际上共有14个王,因有一个君王在位不足1年便死去,另一个君王死于孔子之后。其他统计数字如下:

鲁国的公	12 位
大战	23 次
诸侯国之间公开的武力侵袭	213 次
偷袭①	60 次
诸侯中的霸主	5 位
特别之会盟	11 次
(鲁国派出代表4次,别国代表来访鲁国5次。)	
政治会议	97 次
立盟约时由齐桓公"执牛耳"的会议	11 次
由齐桓公出动战车召集的会议	4 次
围城	44 次

---

① 战斗开始通常以击鼓为号。不击鼓便为偷袭。

侵入诸侯国	27次
因敌军武力胁迫而迁都	10次
被消灭的小采邑	30个
被刺杀的诸侯(包括君主)	36位
灭亡的大小诸侯国	52个
自然灾难	52次
日食(作为凶兆记录①)	36次
地震	5次
山崩	2次

另还对大霜、旱灾、火灾、蝗灾、台风、洪水及其他奇异的自然现象所做的诸多记录。

孔子生活在春秋末年,他编订的史书《春秋》记录的便是这一时期的历史事件。由于现代学者对《春秋》一书作者是谁的问题存有争议,我会对此略作说明。

"春秋"即是四季中的春秋二季,《春秋》一书是记录鲁国大事的史书。古人认为,因为孔子对《春秋》作过修改编撰,删除了其中不值得存留的内容,所以《春秋》是孔子所著。其实从根本上来讲,这部书并不是由孔子创作的。公元11世纪,大学者王安石,亦是一个失败的社会经济改革家,

---

① 36次日食记录中,有34次可以用现代计算方法验证;另外两次记录的错误是由史官记录失误导致。

曾讽刺《春秋》为"断烂朝报"。《春秋》确有破烂残缺之处，例如书中至少有两处句子只有两个字。然而王安石如此评价《春秋》可能另有原因，也许他对这部书没有学术兴趣，或者因为他曾试图为《春秋》写注，但已有同代人写了非常出色的注释，遂未成功，便心生嫉妒。如果有充足的材料和证据证实《春秋》的作者并非孔子，那将是一个特别发现。

春秋时期，诸侯大国都有自己的编年史。晋国的编年史是《乘》，"乘"是"车辆"的意思。车能载人而不论人之好坏，国史则记录所有大事而不论事之好坏。楚国也有史书，只是名称不同而已。《春秋》是鲁国的编年史，记录每年发生的大事。祭祀和军事行动是那个时代的国家大事，重要仪式一般在春耕之前或秋收之后举行。封建之始，因周公辅佐建立周朝，功德无量，周王室将周朝礼乐赐予周公的封国鲁国。鲁国因保存有最完善的西周礼乐而闻名各国[①]。诸侯国设置史官一职并非周朝先例，史官设置可以追溯到更为古老的朝代。孔子老年时（后文会详述孔子的老年时期）研究自己国家的编年史，用我们现在的说法就是孔子"编辑"了鲁国史。《诗经》也是同样性质的书，并非孔子创作，而是他从3000多首民歌、诗歌和祭词中选取305首，集成一书，可在仪式上配乐演唱。

[①] 各诸侯国实际均有自己的音乐和舞蹈，但鲁国的音乐舞蹈采取了周中央王室的风格，寓意高尚，风格华丽。不同等级的贵族礼仪不同，诸侯不能使用天子的礼仪。

如果编撰诗集需要依据标准,编撰史书就更应该有所标准。史书避不开对人物事件的判断和评价,赞誉或指责,欣赏或贬视。这些态度源于撰史人的生命观和宇宙观,中国人称之为"大义"。"大义"蕴涵在语言和书写技巧之中,言中之意不必直接说出,却可以清楚明白。读者依据书写内容和行文方式读懂书中"大义"。有古代注释家认为,《春秋》蕴含着深奥的机密,为了不让公众知晓而有意隐匿,其实不然。实际上所有学者都知道,这样的"大义"仍然存在,虽然有些已经过时,有些会令外国人不高兴。如果我们不忽视这些"大义",一定可以从中发现一些同孔子一样伟大的圣人,而《春秋》的作者之名可以归于他们。然而,现代学者似乎未能发现这样一位无名的圣人。

《春秋》至汉代有五家注释,其中三家较为出众,文本仍在。另外两家已经消亡,一家因观点无人赞同,一家因最初便无文本存世。如果拥有五家注释之多的《春秋》是一本名为孔子所作而实出无名的伪书,那是极难想见的事情。如果《春秋》真是伪书,孟子和庄子对《春秋》的引证就全都是伪造或篡改,不然两位圣人都被同一个错误蒙蔽了。这两种说法都极不可能是正确的。

问题的关键并不在于《春秋》的真正作者是谁,而在于这本书的权威性。自孔子以后,《春秋》获得极大的尊崇,曾经左右许多朝代的命运。《春秋》中有许多历史教诲成为古人构建国家内外政策的重要例证。如果现代学者能够充分证明《春秋》并非出自圣人,尽管这不可能做到,那么书中的所有历史例证,或精细或粗略的思想和所有道理的权威性将会顷刻坍塌。然而事实并非如此简单。我们将来是否会用《春秋》中的道理建构出一个国家是另外一回事,但是这些道理的确曾在历史上产生过很大的影响,这是不可否认的事实。回到《春秋》作者的问题上,我们可看几段《孟子》中的文字:

> 世衰道微,邪说暴行有作,臣弑其君者有之,子弑其父者有之,孔子惧,作《春秋》。《春秋》,天子之事也。是故孔子曰:"知我者其为《春秋》乎!罪我者其为《春秋》乎!"①
>
> 昔者禹抑洪水而天下平,周公兼夷狄、驱猛兽而百姓宁,孔子成《春秋》而乱臣贼子惧。②
>
> 孟子曰:"王者之迹熄而《诗》亡,《诗》亡然后《春秋》作。……其事则齐桓、晋文,其文则史。"孔子曰:"其义则丘窃取之矣。"③

这三段文字清晰明了,从内容、风格和上下文上判断,绝非他人篡改之词。事实上,孟子夸大了《春秋》一书在当时

---

① 《孟子·滕文公章句下》。
② 同上。
③ 《孟子·离娄章句下》。

的影响力。但是历史证明,《春秋》留给后世的有益教诲是巨大的,孟子所言亦非虚夸之词。

除《孟子》中的引文之外,我们还可考证其他古代哲学家的作品。

《春秋》文字寓褒贬、正名分,即古语所说的"微言大义",即隐指,这是在孟子之前就已公认的事实。我们还可引证《庄子》中的几段文字。后世视庄子为道家的代表人物,而庄子轻视儒家学说。《庄子》书中有关孔子的故事大体皆为道家后人的杜撰,不可作史实看待。《庄子》第二章中有一处提到"春秋",说到"春秋"的"经世"和"先王之志(志即是记录)",并说圣人讨论这些话题但不争辩。既然提到"经世",便可知《春秋》并非是毫无深意的编年史。从人文主义的角度来看,如果一部编年史没有贯穿其中的书写原则,就不是严格意义上的历史书写。如果历史什么也不能教给我们,就不是有意义的历史。即使现代的科学方法也必须有所意图。《庄子》最后一章中指出"春秋以道名分"。这一章可能不是庄子所作,而是出自惠子之手。惠子是庄子的好友,死于庄子之前。这句评论《春秋》的话被广泛接受,因孔子一生都在谈论与"名分"相关之事。我们也可认为,汉代某位无名作者有意将这段文字植入《庄子》。《荀子·劝学篇》也曾提到《春秋》的"微言大义"。《荀子·大略篇》中有如下文字:

春秋贤穆公,以为能变也。("能变"即是"能纠正自己的错误")

荀子晚于孟子,他对《春秋》的看法应与孟子相同。这句话正是对《春秋》"微言"的解释。自东汉历史学家班固起,后世都认为"孔子没而微言绝,七十子终而大义乖"。司马迁在其自传中也解释过孔子编撰《春秋》的原因,如此著名的历史学家决不会随意采用错误而无意义的说法,来解说孔子作《春秋》的用意。我们似不必辩驳孔子的春秋大义,更不必怀疑《春秋》另有作者。

古今学者对《春秋》中若干褒贬词汇的使用仍有疑问。《春秋》文风短简,对人对事的褒贬评价仅区别于一二字之间。《春秋》一书仅用18000字叙述242年的历史,如此文风实则无法避免。

我在这里仅作两点说明:

第一,在中国,有给予过世者一个谥号的传统。谥号是一个单字或双字的称谓,此称谓在中国具有非凡的意义。犹如在古埃及,死去的人渡过冥河接受检验,评判生前所做的好坏事,以此决定他是否能享受国葬。中国贵族对死后的谥号十分看重,他们活着的时候就对此耿耿于怀。这有些类似欧洲"骄傲的昆塔"和"公平的菲利浦"这样的称谓,但谥号的意义要远甚于此。有特殊功劳或德行的普通人死后也会被授予谥号。简单说,谥号就是间接授予家族后人的荣誉,是生者莫大的荣耀。这一传统一直延续到20世纪初。由此可见,《春秋》以一二字褒贬人物功过是非的传统并非始于孔子。

第二,古代史官于历史书写的权威要远大于统治者本人。中国历朝历代都有两个史官默立在君王两侧,记录君王每日的言行。在位的君王不可以阅读史官对自己的记录,只有他的继承者在他死后才可阅读。君王可独裁,史官可获死,但君王在位期间的编年史却不可阅读。这一传统源于孔子之前。及至孔子时,诸侯国的史官对褒贬词汇的使用都极其严肃谨慎。其间有一事:齐国大臣崔杼密谋杀害了齐国的独裁暴君,史官即刻写道:"崔杼弑其君"。崔杼听后大怒,立刻下令杀了这个史官。被杀史官的弟弟也是史官,听到哥哥被杀,前去接替哥哥的职位,同样写下"崔杼弑其君",也被杀掉。而史官的三弟赶来,也写下同样五个字。崔杼没再杀害史官的三弟。另有史官听到崔杼杀史官之事,即刻抱着竹简赶来,路上有人告诉他,被杀史官的三弟已经记下了事实,他才返回。由此事可以看出,古代史官对于自身的职责和历史记录的真实性怀有怎样高贵的忠诚。孔子编撰《春秋》当然也继承了这一古老的传统。据说,即使孔子最喜爱也最具有天赋的弟子也无法更改这本书中的一个字。

孔子是否有意依借《春秋》一书意欲改变已然分崩离析的社会呢?或许他并没有这样的想法。孔子生活在一个不幸且动乱的时代,各诸侯国内部多已瓦解殆尽。但孔子仍期冀理想的君王之治,他奔走四方以求获用于诸侯,为的是发挥才智,实现理想。孔子不断地寻求服务于君王的机会,又不断地失败。及至晚年退隐之时,除去编写《春秋》和其他文献书籍之外,已再无机会去施展抱负了。而这又是极其艰巨的工作,首先在规正名份,其次在价值辩护。孔子希望后人能凭借他所留下的遗产实现其高远的理想。而此时,他所能把控的仅仅是一支笔而已。

孔子作《春秋》似乎已无任何异议。但仍有一个争论一直存在,就是《春秋》应该归于"经",还是归于"史"。人们大都倾向于后者,显然两者之间是有区别的。后文谈论孔子晚年的作品时,还会详细论述这一问题。

第二章　孔子生平(续)

《史记》记载孔子曾拜会老子,老子的临别赠言对孔子性格的铸造有不可估量的影响,其言如下:

> 吾闻富贵者送人以财,仁人者送人以言。吾不能富贵,窃仁人之号,送子以言,曰:"聪明深察而近于死者,好议人者也。博辩广大危其身者,发人之恶者也。为人子者毋以有己,为人臣者毋以有己。"

这段话中简单直白的道理和教诲对孔子影响极大,孔子"无我"的德性盖得益于此。孔子不受四种品性的束缚,"自我"①(非"自我主义")便是其中之一。如果"无我"是达至

---

① 《论语·子罕篇》第4章。

精神圆满所应具有的基本德性,其教诲首出于老子,遂后由孔子提倡。

《史记·老子韩非列传》中还有一些确实可信的记载,从中可以看出孔子和老子对于精神原则的一些基本看法都源自于"仁",在此暂且不论。

孔子对这次会面的印象值得一读:

> 孔子去,谓弟子曰:"鸟,吾知其能飞;兽,吾知其能走;走者可以为罔,游者可以为纶,飞者可以为矰。至于龙,吾不能知其乘风云而上天。吾今日见老子,其犹龙邪!"

周都城的旅行,孔子收获颇丰。彼时,周朝王室已经衰败不堪了,鲁国的状况也相差无几。鲁国位于西北晋国和西南楚国之间,晋楚两国都想称霸诸侯,故而相与为敌。鲁与其中一国结盟或示好就会受到另一国的攻击。位于东南方的是同晋楚一样强大的齐国。齐国施于鲁国的压力甚或友爱都令鲁国痛苦不堪。鲁昭公与季孙家族的季平子发生争执,引发内乱。昭公出其不意将季平子围在家中,而"三桓"①却联合起来对付昭公。经过一天的战斗,"三桓"救出季平子。昭公被驱逐,逃至齐国。各诸侯国曾多次召开会

---

① "三桓"指鲁国大夫孟孙氏、叔孙氏、季孙氏三家,均为鲁桓公之后,遂称"三桓"。——译者注

议,设法送昭公回鲁,甚至以武力威胁恐吓季平子,但一切努力都以失败告终。鲁国权柄已于过去五代之间渐落于季孙家族。鲁公只是名义上的国主,更像是最高祭司,主持例行的祭祀活动,仅在仪式中代表国家荣誉。鲁昭公在流亡中死去,一群忠实的大臣在其生前一直跟随身侧,维持着国君应有的奢华排场。鲁国内政混乱,孔子离开故乡去了齐国。当时孔子35岁(公元前517年),在齐国勾留大约两年。

孔子在齐国的生活仍有记载,他在齐国受到齐景公的礼遇。五年前,景公与大臣晏婴访问鲁国时见过孔子,他们之间有过这样的对话:

> 景公问孔子曰:"昔秦穆公国小处辟,其霸何也?"
> 对曰:"秦,国虽小,其志大;处虽辟,行中正。身举五羖,爵之大夫,起累绁之中,与语三日,授之以政。以此取之,虽王可也,其霸小矣。"
> 景公说。[①]

孔子在景公身侧,有依才获用的机会。正是在这段时间里,孔子学习了仍然在齐国演奏的古韶乐,他评价韶乐是尽善尽美的音乐,而武乐则尽美而不尽善[②]。孔子听了三个月的韶乐,

---

① 《史记·孔子世家》。
② 《论语·八佾篇》第25章。

竟然忘记了肉的味道。韶乐是古代帝王舜创作的音乐，拥有完美的旋律和蕴意。孔子感叹道："不图为乐之至于斯也。"①

孔子对音乐这样的雅事如此专注，以至三月不知肉味。我们无须赘述人们对此事的评价，齐国的贤德之人为此对孔子称赞不已。

景公问孔子执政之事。孔子回答：

> "君君，臣臣，父父，子子。"景公曰："善哉！信如君不君，臣不臣，父不父，子不子，虽有粟，吾岂得而食诸！"②

景公再问执政之事，孔子回答："政在节财。"景公听到后非常高兴，准备任用孔子，欲将尼溪的田地赐给孔子做永久封地。

由于晏婴的阻拦，景公取消了封地的念头。《史记》记载了晏婴的话：

> 夫儒者滑稽而不可轨法；倨傲自顺，不可以为下；崇丧遂哀，破产厚葬，不可以为俗；游说乞贷，不可以为国。自大贤之息，周室既衰，礼乐缺有间。今孔子盛容饰，繁

---

① 《论语·八佾篇》第13章。
② 最后一句话被理雅各翻译成"即使国家有收入，我又如何能够享用啊？"

登降之礼,趋详之节,累世不能殚其学,当年不能究其礼。君欲用之以移齐俗,非所以先细民也。

景公觉得晏婴的话有道理,再见孔子时,极力表现出尊敬之意,却再也不问有关礼的事情了。有一次景公说道:"我无法像对待鲁国权势最大的季氏那样对待孔子,"也不能像对待最无权势的孟氏那样对待他,景公只能把孔子置于季氏和孟氏之间。

依史实推断,齐景公一定多少赏识过孔子,孔子也帮助景公进行过一些政治改革,或者对贵族做过些启蒙工作,使他们能够向往更高的精神追求。齐国大臣却因此试图加害孔子。景公得知后感叹道:"吾老矣,弗能用也。"孔子听后,返回鲁国。

阅读这段历史时,我们会发现鲁国的政治状况非常复杂。孔子四十二岁时,鲁昭公客死他乡,昭公的弟弟即位,即鲁定公。定公五年,驱逐昭公的季平子也死了。鲁国最有权势的季孙家族由季平子平庸的儿子继承。显赫的季孙氏权势削弱,受制于自己的家臣,而家臣又受制于自己的仆人。贵族阶层的权力皆在某种程度上被下一级僭越,政府体系运行偏离正轨,全国处于无政府状态。孔子所能做的,就是与政治保持相当的疏离,继续自己公共教师的生涯。

关于孔子,有这样一个故事,故事中孔子言语幽默,自命不凡,亦不失讽刺意味。

阳货是季孙氏的家臣,又名阳虎。阳虎实力强大后,预谋叛乱篡鲁。孔子在《春秋》中斥责阳虎是从鲁国宗庙"盗窃宝玉大弓"的强盗,而且不提他的名字。我们要说的这个故事在《论语》和《孟子》中皆有记载。我们先看一下《孟子》中的记载:

> 阳货欲见孔子而恶无礼,大夫有赐于士,不得受于其家,则往拜其门。阳货瞰孔子之亡也,而馈孔子蒸豚;孔子亦瞰其亡也,而往拜之。①

这个故事并没有就这样结束。《论语》中这样记载:

> 阳货欲见孔子,孔子不见,归孔子豚。孔子时其亡也,而往拜之,遇诸涂。谓孔子曰:"来!予与尔言。"曰:"怀其宝而迷其邦,可谓仁乎?"曰:"不可。""好从事而亟失时,可谓知乎?"曰:"不可。""日月逝矣,岁不我与。"孔子曰:"诺。吾将仕矣。"②

---

① 《孟子·滕文公章句下》第七章。
② 理雅各将两个答复都翻译成是孔子的回答。实际上,孔子见到阳虎,听了他的一番议论后,只回答了最后一句话。理雅各的翻译中有一处小失误:阳虎送给孔子的猪不是"烤"猪,而是"蒸"猪。"烤猪"实际上可能是国外的发明,查里斯·蓝姆那篇著名的"论文"也指出过这一点,至于"蒸猪"就要另作研究了。无论怎样,我们可以确定的是,无论读者认为素食是神圣亦或不神圣的事,孔子都不是素食主义者。《论语·阳货篇》第1章。

孔子洞明世事，或许早已预见这个篡位者的下场，阳虎叛乱失败后，于公元前502年逃往齐国。当时孔子50岁，一直思虑着如何实现自己的理想。鲁国臣子公山不狃邀请孔子会面，孔子有意赴会。弟子子路知道后，很不高兴地对孔子说："末之也已，何必公山氏之之也？"

孔子回答："夫召我者，而岂徒哉？如有用我者，吾其为东周乎！"①

公山拥有小规模武装和一小块土地。即便如此，孔子仍有志于在这一小块土地上创建另一个东周，期望为那个时代带来和平。孔子最终还是没有去。孔子说："苟有用我者，朞月而已可也，三年有成。"②

孔子所说不假。鲁定公任命孔子为中都宰，一年之后，四方之人都来学习孔子的治理方法，并奉为标准。孔子又由中都宰提升为司空，由司空提升为大司寇。其时孔子在鲁国的位置相当于现代国家的总理。公元前500年，齐鲁两国在夹谷会盟，两国国君出席会盟，孔子出任鲁国相礼。

关于这次会盟的记载多有夸张，古代学者对于孔子在外交上获得的胜利表示怀疑。各种历史文献对这次会盟的记录大致相同，这是孔子从政生涯中最精彩的一幕。综合不同文献的记载，会盟大体情形如下：

---

① 《论语·阳货篇》第5章。
② 《论语·子路篇》第10章。

赴会之前，孔子对定公说："臣闻有文事者必有武备，有武事者必有文备。古者诸侯出疆，必具官以从。请具左右司马。"定公采用了孔子的建议，左右司马随同一起参加了这次会盟。

而另一边，齐国佞臣犁弥对齐景公说："孔丘知礼而无勇，若使莱人以兵劫鲁侯，必得志焉。"景公依从了这诡计。

齐鲁两国君主连同各自的大队随从来到了夹谷。会盟地点已经建好三阶的坛位。鲁定公与齐景公作了简单寒暄之后，一同登上坛位，以同等身份行礼，互换酒杯饮酒。

此时，齐国有司上前大声请示："请奏四方之乐。"景公准许。

一群居于海边的莱人手持枪剑矛戈，挥舞旌旗，奔到台前。孔子立刻登上坛位，停在第二阶上，一挥宽大的衣袖，大声说道："吾两君好会，夷狄之乐何为于此，请命有司！"有司命令乐人退下，但乐人并未散去，孔子直视两侧的景公和晏婴，景公心有惭愧，挥手撤下了乐人。

真实事件至此结束，其他记载都是后人附会，不可信。会盟达成的协议有利于鲁国，协议规定齐国退回曾经侵占鲁国的三块田地。鲁国与齐国结成军事同盟，无论齐国何时出兵国界之外，鲁国都应派出三百战车协作。鲁国得到归还的田地，但并没有机会派出战车。双方庄严宣誓，一切依礼行事。

景公随后邀请鲁公赴宴，而依当时的情形，鲁公无力答谢。会盟结果有利于鲁国,任何多余的交涉和商讨都可能引起无法掌控的混乱。孔子拒绝了邀请,并告知齐国大臣,**宴会必将劳扰司仪**,而且珍贵的礼器不能搬出堂室,娱悦客人的美乐不能在室外演奏,没有这些隆重仪式的宴会显得过于简陋。如果执意举行宴会,定将违背礼制。景公也觉得孔子所言皆在情理,于是取消了宴请。①

---

① 出自《论语》的引文均采用理雅各和哈佛经典的译文。后者的译文读起来更通畅一些,形式上符合原文简短的行文方式,但不似原文文风庄重。为各取所长,作者对部分文字做了调整,并未完全依赖于其中任何一种译文。作者认为,译文应完全忠于原文,由读者自己体会文意。

第三章　周游列国

在希腊神话中,如果某人具有超常的能力,就会招来神的嫉妒,注定命途多舛。这事并不一定确实,然而历史上多有此类例证,功勋卓著的人不能久居其位,已成惯例。世间的黑暗势力总是企图遮蔽伟人的光辉。孔子五十六岁时出任要职,他的施政举措给鲁国带来了悄无声息的且甚大的变革和进步。三个月之后,孔子处置了一个叛变的臣子,颓废的社会风气顿时为之一变。商人诚实了,路上的男女礼貌地分成两侧行走,路不拾遗,访鲁的使节也感到舒适并无怨了。不幸的是,这理想的政治和社会秩序并未持续太久,对此艳羡或实为嫉妒的并不是神,而是邻旁的国家,其中尤以齐国为甚。鲁国的兴盛引起了齐国的恐慌。齐景公施以计谋,迫使孔子辞去官位。而鲁君亦多日不听政,也不举行国家祭祀了。之后,孔子离开鲁国,开始周游列国,计一十又四年。

诸侯国中,孔子最先到卫国。卫国紧邻鲁国,以多君子而闻名。卫灵公询问孔子在鲁国领取多少薪禄,当得知孔子在鲁国年俸六千石粟时,也给出同样的俸禄。孔子在卫国停留了十个月,卫国贵族对他疑心重重,造谣中伤,实现政治理想更是遥不可及。于是孔子离开卫国,前往陈国。

前往陈国的路上,经过一个名为匡的小采邑。孔子的车夫是个鲁莽的乡下人,用马鞭指着城墙上的豁口说:"昔我入此,由彼缺也。"孔子的身形与奸臣阳虎有些相似,当地人听到这话,错把孔子当成了曾经出兵侵害他们的阳虎,于是拦下孔子一行人,将他们围困了整整五天。

孔子最喜爱的徒弟颜渊此前走散,恰在这时赶了上来。孔子对颜渊说:"吾以汝为死矣。"

颜渊回答:"子在,回何敢死?"①这回答是弟子对老师的尊敬,却一语成谶,颜渊四十二岁时去世,其时孔子七十一岁。

围困加剧,气氛越发紧张起来。孔子和弟子们的心里充满了忧惧。为了驱散弟子们的焦虑,孔子说:

文王既殁,文不在兹乎?

---

① 《论语·先进篇第十一》第22章。

天之将丧斯文也,后死者不得与于斯文也,天之未丧斯文也,匡人其如予何?①

弟子中有人想硬闯出去,被孔子制止。孔子抚琴歌唱如故。匡人最终弄清了孔子的身份,放他离去。

孔子随后前往另一个小采邑蒲。在浦留居一个月后,返回卫国。

卫灵公有夫人南子,南子年龄比灵公小,貌美出众,甚得灵公宠爱。南子权倾一时,对国中贤人亦不失尊敬。孔子返回卫国后,住在一位退休的大臣家里,主人德高望重。南子使送信给孔子,说:"四方之君子不辱欲与寡君为兄弟者,必见寡小君。寡小君愿见。"因无此先例,孔子拒绝了南子的邀请。但孔子又不得不前往南子处表示敬意。孔子入门,灵公夫人坐在帷幕之后不得见,孔子向帷幕施礼。帷幕内的公爵夫人可以见到外面的情景,向孔子鞠躬两次回礼,身上珠珮玉饰相击作响,真切可闻。此次会面非常正式,孔子离开,并未生出其他事情。然而,孔子最勇敢的徒弟子路却很不高兴,觉得老师的做法不当。孔子说:"予所不者,天厌之!天厌之!"②这事发生时,孔子五十七岁。

孔子在卫国停留了一个多月。一次,卫灵公和夫人南子

---

① 《论语·子罕篇第九》第5章。
② 《论语·雍也篇第六》第26章。

乘车驶过街道，一宦官随后，而孔子在宦官之后。这极可能是南子有意设计的，以为驱遣孔子自己离开卫国。孔子以此为辱，说："已矣乎！吾未见好德如好色者也。"①孔子离开了卫国，经过曹邑，前往宋国。

进入宋国时，孔子和弟子在一棵大树下演习礼仪。宋国将军桓魋厌恶孔子，想要杀他，拔掉了那棵大树。孔子起身离开，弟子催促快走，孔子回答："天生德於予，桓魋其如予何！"②之后，孔子与弟子前往郑国，过郑国，至陈国。

陈是小国，境遇并不好过鲁国和卫国。孔子留住不久，吴国侵扰，掠去三邑。陈国弱小，北有强晋，南有悍楚，两国为争霸主之位，经常征战，陈国则两面受敌。孔子在陈国居住三年有余，未尝安宁，说道："归与！归与！吾党之小子狂简进取，不忘其初。"③孔子说的是那些留在家乡，没有同他一起周游列国的弟子们。④

孔子离开陈国，再次经过蒲邑。正巧蒲人叛离卫国，将圣人拦住。孔子有弟子公良孺，人高力大，以私车五乘追随孔子。公良孺愤怒地说："吾昔从夫子遇难於匡，今又遇难於

---

① 此段在《论语》中出现两次，分别是《论语·子罕》第十七章，《论语·卫灵公》第十二章，显然是两个徒弟分别记下的。
② 见《论语·述而篇第七》第22章。
③ 见《孟子·尽心下》第14章。
④ 这段记载在《史记》中出现了两次，文字略有不同，有学者怀疑两段文字实为一段，古代抄写错误而分为两段。但是，同样的话是可能在不同处说了两次的。

此,命也已。吾与夫子再罹难,宁斗而死。"遂与蒲人拼死一战,蒲人惊恐,对孔子说:"苟毋适卫,吾出子。"孔子应允,双方发誓结盟。孔子一行离开后,直奔卫国。能言善辩的子贡问孔子:"盟可负邪?"孔子回答:"要盟也,神不听。"

卫灵公知道孔子返回卫国,非常高兴,亲自到城门外迎接。灵公问:"蒲可伐乎?"孔子回:"可。"

灵公说:"吾大夫以为不可。今蒲,卫之所以待晋楚也,以卫伐之,无乃不可乎?"

孔子回答:"其男子有死之志,妇人有保西河之志,吾所伐者不过四五人。"

"善",卫灵公答应伐蒲,却并未行动。灵公年老,已厌倦政事,不能任用孔子这样的大人物。不久,孔子再次离开卫国。

中牟的长官佛肸叛离晋国,邀请孔子,孔子有意前往。

子路问:"由闻诸夫子,'其身亲为不善者,君子不入也'。今佛肸亲以中牟畔,子欲往,如之何?"

孔子回答:"有是言也。不曰坚乎,磨而不磷;不曰白乎,涅而不淄。"

"我岂匏瓜也哉,焉能系而不食?"[1]

---

[1] 这段对话记载于《论语·阳货》,由司马迁收入《史记》。"匏瓜"是一星象名,《史记·天官书》亦有记载。理雅各曾翻译为"我可是那味苦的匏瓜吗!只能挂在一旁,无法食用?""味苦"是理雅各依据旧注添加的。原文仅为"我可是匏瓜吗!只能挂在一旁,无法食用?"

孔子虽然这么说,却并未前往。

我们总能在枯燥的历史记载中发现虽无大义却颇为有趣的轶事。卫国是个很有文化的小国,国内君子众多,大都默默无闻,却十分关心时事。孔子在卫国时,一次正在击磬,有人背负草筐经过门外,说:

"有心哉！击磬乎！"

既而曰："鄙哉！硁硁乎！莫己知也,斯己而已矣。'深则厉,浅则揭。'"

子曰："果哉！末之难矣。"①

孔子准备前往晋国,拜见晋国大夫赵简子,行至黄河东岸,得知晋国两位贤臣窦鸣犊、舜华被杀。他看着河水,感叹道："美哉水,洋洋乎！丘之不济此,命也夫！"

子贡上前问："敢问何谓也？"

孔子说："窦鸣犊,舜华,晋国之贤大夫也。赵简子未得志之时,须此两人而后从政；及其已得志,杀之乃从政。"

"丘闻之也,刳胎杀夭则麒麟②不至郊,竭泽涸渔则蛟龙不合阴阳,覆巢毁卵则凤皇不翔。何则？君子讳伤其类也。夫鸟兽之於不义也尚知辟之,而况乎丘哉！"孔子于是折返,

---

① 见《论语·宪问篇第十四》第42章。
② 麒麟是中国的祥瑞之兽,祥瑞之鸟是凤凰。

休止在陬乡,作琴曲《陬操》哀悼两位贤大夫。后又来到卫国。

卫公询问孔子用兵策略,孔子回答:"俎豆之事则尝闻之,军旅之事未之学也。"第二天,卫公与孔子对谈时,眼睛望着天上的飞雁,不看孔子。次日,孔子离开卫国,①再至陈国。是年夏,卫灵公去世(公元前498年)。

翌年夏,鲁国国都发生大火。孔子在陈国听到这一消息,问道:"必於桓釐庙乎?"确切消息传来后,果然是这两座祖庙被火烧毁。是年秋天,鲁国季桓子病倒,坐在撵车上巡视鲁城,感叹道:"昔此国几兴矣,以吾获罪於孔子,故不兴也。"转而对立在身旁的儿子康子说:"我即死,若必相鲁;相鲁,必召仲尼。"几日后,桓子去世,康子主政。葬礼结束后,康子准备召回孔子。大臣公之鱼说:"昔吾先君用之不终,终为诸侯笑。今又用之,不能终,是再为诸侯笑。"康子问应该任用何人,大臣回答:"必召冉求。"于是派信使召用冉求。冉求是孔子中意的弟子,与孔子一同周游列国。

冉求准备启程时,孔子说道:"鲁人召求,非小用之,将大用之也。"又说道:"归乎归乎!吾党之小子狂简,斐然成章,吾不知所以裁之。"子赣听到后,知道孔子有心回鲁,送别冉求时对他说,如果他被委以高位,应立刻召请夫子回鲁。

次年,孔子离开陈国,来到蔡国。适逢蔡国内乱,蔡公被

---

① 《论语·卫灵公篇第十五》第1章;《史记·孔子世家》。

臣子射杀,楚国由南面入侵。秋天,齐景公去世。翌年,孔子由蔡国至叶邑。

叶公请教治理之方。孔子回答:"政在来远附迩。"①

叶公告诉孔子:"吾党有直躬者,其父攘羊,而子证之。"

孔子说:"吾党之直者异于是,父为子隐,子为父隐。直在其中矣。"②

叶公向子路询问孔子,子路没有回答。孔子听到后,说:"由,尔何不对曰'其为人也,学道不倦,诲人不厌,发愤忘食,乐以忘忧,不知老之将至'云尔。"③

孔子离开叶邑,回到蔡国。这期间发生两件事,值得一提。

有两个农夫,一个身高,一个面凶,满身泥水,在田间劳作。孔子经过,觉得二人是隐者,遣子路前去询问渡口。

高个农夫问道:"彼执舆者为谁?"子路回答:"为孔丘。"

又问:"是鲁孔丘与?"

子路答:"然。"

高个农夫于是说道:"是知津矣。"

子路转而询问凶面的农夫,后者问道:"子为谁?"子路回答:"为仲由。"

农夫又问:"子,孔丘之徒与?"

---

① 《论语·子路篇第十三》第 16 章。
② 《论语·子路篇第十三》第 18 章。
③ 《论语·述而篇第七》第 7 章;《史记·孔子世家》。

子路答:"然。"

农夫对子路说:"悠悠者天下皆是也,而谁以易之?且与其从辟人之士,岂若从辟世之士哉!"说完继续挥锄劳作。

子路将对话转告孔子,孔子怃然说道①:"鸟兽不可与同群。天下有道,丘不与易也。"

一次,子路与孔子走散,遇见一位老者,以木棍肩负草筐,子路上前询问:"子见夫子乎?"

老者回答:"四体不勤,五谷不分,孰为夫子!"说完,放下木棍,开始割草。

子路拱手立在老者身前。

老者留子路过夜,杀鸡,煮小米,款待子路,还引他见了自己的两个儿子。

第二天,子路赶上孔子,告之昨天发生的事情。孔子说:"隐者也。"派子路再去拜访,发现老者已经离开了。②

是时(公元前491年),吴国侵犯陈国,楚国出兵相救。楚公听说孔子在陈国与蔡国之间,派使者邀请孔子前往楚国。孔子应邀准备出发。关于这件事情,《史记》中有一段并不可靠的记载,说是陈国和蔡国的大夫在一起商议,很怕孔子前往楚国,因为孔子是一位贤人,如果楚国任用孔子,必

---

① 《论语·微子篇第十八》第6章。两位农夫被叫做长沮(字面义为"高个满身是泥的人")和桀溺("面相凶狠,满脚泥水的人")。如此短暂的对话是很难获知两位农夫的名字的。所以长沮和桀溺并不是他们的名字。

② 《论语·微子篇第十八》第7章。

定使楚国更强,会威胁到陈国和蔡国,自己的官位也会不保,于是派兵将孔子一行人全部围住。此事之不可信,因为陈国邻近楚国,蔡国邻近吴国,陈蔡相与为敌,两国大夫不可能为了一个未来的假想敌相会商讨。其他史书仅是记载了七天之后,孔子一行人用光了补给,并没有给出原因。孔子的许多弟子都病倒了,而孔子仍如常谈话,吟唱,弹琴。《论语》中的一段记录①颇有可说者:

在陈绝粮,从者病,莫能兴。

子路愠见曰:"君子亦有穷乎?"

子曰:"君子固穷,小人穷斯滥矣。"

子贡色作。

孔子曰:"赐,尔以予为多学而识之者与?"

曰:"然。非与?"

孔子曰:"非也。予一以贯之。"

孔子知弟子有愠心,乃召子路而问曰:

"诗云'匪兕匪虎,率彼旷野'。吾道非邪?吾何为於此?"

子路曰:"意者吾未仁邪?人之不我信也。意者吾未知邪?人之不我行也。"

孔子曰:"有是乎!由,譬使仁者而必信,安有伯夷、

---

① 《论语·卫灵公篇第十五》第1章。

叔齐?① 使知者而必行,安有王子比干?"②

子路出,子贡入见。

孔子曰:"赐,诗云'匪兕匪虎,率彼旷野'。吾道非邪? 吾何为於此?"

子贡曰:"夫子之道至大也,故天下莫能容夫子。夫子盖少贬焉?"

孔子曰:"赐,良农能稼而不能为穑,良工能巧而不能为顺。君子能脩其道,纲而纪之,统而理之,而不能为容。今尔不脩尔道而求为容。赐,而志不远矣!"

子贡出,颜回入见。

孔子曰:"回,诗云'匪兕匪虎,率彼旷野'。吾道非邪? 吾何为於此?"

颜回曰:"夫子之道至大,故天下莫能容。虽然,夫子推而行之,不容何病,不容然后见君子! 夫道之不脩也,是吾丑也。夫道既已大脩而不用,是有国者之丑也。不容何病,不容然后见君子!"

---

① 伯夷、叔齐是商末的贤人,是在孔子之前最受尊敬的两个人。两人是兄弟,同为中国东北方小国孤竹国国王的儿子。国王将王位传给弟弟叔齐,而叔齐拒绝接受本应属于哥哥的王位。伯夷也拒绝了王位,于是两人一同放弃了王位,隐居去了。当周武王出兵攻打暴君商纣时,伯夷、叔齐出面阻拦。两兄弟最终饿死,也不愿活在周朝。(《论语·公冶长》第二十二章;《史记·列传第一》)。

② 王子比干是商君纣王的贤臣,因不断阻拦纣王的暴政而被杀。

孔子欣然而笑曰:"有是哉颜氏之子! 使尔多财,吾为尔宰。"①

被困多日之后,孔子派子路向楚国求援。楚国国君虽为男爵,却称昭王,立即派兵护卫孔子往楚国。昭王准备以七百里地封孔子。但楚令尹子西不同意,对昭王说:

"王之使使诸侯有如子贡者乎?"

昭王说:"无有。"

"王之辅相有如颜回者乎?"

"无有。"

"王之将率有如子路者乎?"

"无有。"

"王之官尹有如宰予者乎?"

"无有。"

"且楚之祖封於周,号为子男五十里。今孔丘述三五之法,明周召之业,王若用之,则楚安得世世堂堂方数千里乎? 夫文王在丰,武王在镐,百里之君卒王天下。今孔丘得据土壤,贤弟子为佐,非楚之福也。"

楚昭王被说服,没有封地给孔子。同年秋天昭王死,孔

---

① 颜回是孔子最得意的弟子,却最穷困。

子返回卫国。

孔子在楚国时,遇到一狂士:

> 楚狂接舆①歌而过孔子曰:
> "凤兮凤兮,何德之衰!
> 往者不可谏兮,来者犹可追也!
> 已而已而,今之从政者殆而!"
> 孔子下,欲与之言。趋而辟之,不得与之言。

是时,卫出公与其父争位。孔子的许多弟子久在卫国为官,有人怀疑孔子支持在位的出公,反对出公流亡在外的父亲。冉有问:"夫子为卫君乎?"子贡:"诺,吾将问之。"

> 入,曰:"伯夷、叔齐何人也?"
> 曰:"古之贤人也。"
> 曰:"怨乎?"
> 曰:"求仁而得仁,又何怨?"
> 出,曰:"夫子不为也。"②

这是孔子最后一次去卫国。他曾说过:"鲁卫之政,兄弟

---

① 有人以为狂士名叫"接舆",实际是代称,因为在路上偶遇的人很难留下姓名。
② 《论语·述而篇第七》第14章。

也。"(《论语·子路》第七章)两国的远祖是周武王的兄弟。可以这样理解,鲁国与卫国保存了周朝的大部分传统,其他国家则多少存留了野蛮的习俗,如秦国与楚国。鲁卫两国保持着同样高度的文化,但此时卫国政局不稳。卫公已在位十七、八年,有意召孔子治理国家。

> 子路曰:"卫君待子而为政,子将奚先?"
> 子曰:"必也正名乎!①"
> 子路曰:"有是哉,子之迂也!何其正也?"
> 子曰:"野哉由也!夫名不正则言不顺,言不顺则事不成,事不成则礼乐不兴,礼乐不兴则刑罚不中,刑罚不中则民无所错手足矣。夫君子为之必可名,言之必可行。君子於其言,无所苟而已矣。"②

次年,冉求率领鲁国军队与齐国在郎地开战,获得了决定性的胜利。季康子问冉求:"子之於军旅,学之乎?性之乎?"

---

① 这次问答暗与卫国时局有关。其时,卫出公由南子扶持在位,大夫孔文子忠于出公,而子路是孔文子的家臣。子路很可能希望孔子辅佐出公,但孔子并无此意。子路对孔子见南子一事不悦,认为两人会面,必会谈起扶立卫君之事,夫子既然不赞同南子扶立出公,又何必与南子会面,或说服南子改变主意。但这仅是臆测,相关文献记载过于简略,无法确证以上说法。
② 《论语·子路篇第十三》第3章。

冉求回答:"学之於孔子。"

季康子问:"孔子何如人哉?"

冉求:"用之有名;播之百姓,质诸鬼神而无憾。求之至於此道,虽累千社,夫子不利也。"

康子问:"我欲召之,可乎?"

冉求回答道:"欲召之,则毋以小人固之,则可矣。"①

是时,卫国大夫孔文子向孔子请教战策,孔子称自己不懂,客气地拒绝了。会面之后,孔子立即吩咐预备车马,准备离开,并说道:"鸟能择木,木岂能择鸟乎!"孔文子坚持挽留孔子。此时,季康子所派信使携带召函和大量钱财到达。周游列国一十四年的孔子返回故土鲁国。其时,孔子69岁。

---

① 《史记·孔子世家》。——译者注

第四章　儒学大义

至此,我们所见到的孔子是游走各地的政治家,他试图获得权力,以期实践高上的理想,并希冀在地上营建"天堂"。孔子未能成功,他的失败并非源于其自身的不足,而是因为时代动乱不堪。孔子不是只失败了一二次,而是所有努力都以落空而告终。难道上天是有意如此安排吗?或许是的。以世俗标准来看,孔子的后半生可算是悲剧,然此后半生实为孔子成绩最丰,对人类贡献最大的时期。总而言之,孔子拥有极其成功的一生,有着唯一性、完整性和神圣性。

或有人问:为什么孔子不投奔当时的周王呢?答案很简单,周王虽然在名义上仍是最高君主,名为"天子",然而此时其治域狭小,权力空虚,连身边仅有的一点权力也被几个大臣僭越瓜分了。在这种情况下,显然已经无能为力了。然而,当天子将祭祀用的牲肉作为赐福分给诸公爵时(这与印度分享赐福 prasad 的习俗完全相同),各位公爵仍然依礼接受。周王有时会向强大的诸侯国发布命令,例如修缮都城的城墙,这样的命令都会被妥善执行。周王颁布的法令文书用词行文通常十分精美、威严,符合天子的身份,但是没有人怎么理会,只是当作形式而已。

我们可以从前一章节的引文中看出,孔子在性命攸关的时候,多次谈到自己与"天"的关系,并且十分确定"天"赋予了他的德性。他以某种方式确知自己在这世上的责任和为之奋斗的理想。正因如此,他才不畏惧死亡,即使在死亡将近之时,也是如此。孔子曾说过这样一段话:

> 吾十有五而志于学,三十而立,四十而不惑,五十而知天命,六十而耳顺,七十而从心所欲,不逾矩。①

这段话文辞简短,却异常坚定。欲要正确理解这段话,需知道孔子在评价自己时,总是怀有谦虚和谨慎的态度。我们很容易推想出,孔子的语录并非孔子思想的全部,相较于没有说出的部分,它占的比重可能非常微小。孔子不同于宗教领袖,他从未向大众或弟子发表演说,从未向公众宣讲自己的思想。而且,他说的话并未被全部记录下来。随着记诵者的亡去,大部分口传记录都在一两代之后佚失了。记录下

---

① 《论语·为政》第4章。

来的对话十分简短,某种程度上也缘于古代书写材料的限制,那时还没有出现纸张,在丝织品和竹子上写字不是一件很容易的事儿。《论语》若干章节的内容常常只是孔子一人说的话,这些话极有可能是由孔子弟子的弟子记录下来的,而孔子说话的原因和弟子们的讨论却没有了。我们只能从孔子思想的整体和历史背景下来理解这些话了。

宋代(960—1279)和明代(1368—1644)有所谓的新儒家,他们对印度韦檀多哲学一无所知,却认为孔子弟子所学只不过是"它(It)"的知识而已,相当于婆罗门对"彼(Tat)"的高级知识。关于这一点,孔子经常提及的"乐"也可以对应于"真、智、乐"中的乐。孔子是否觉悟到了"真、智、乐"呢?即使没有,也丝毫不会影响孔子的伟大,而且面对这个问题很难给出否定的答案。我们可以暂时搁置形而上学,转而从历史角度来解释这段文字。

这段文字有几种不同的英语译文,其间略有差异,虽非无关要旨,却也难断孰优孰劣。正如晚年的托尔斯泰为研读《新约》而开始学习希腊文,欲完全理解经典文字,学习并精通其原初语言是必须要做的事情。

说孔子"志于学",多指学习有关于"礼"的传统知识,例如祭祀仪式,其性质或为世俗,或为精神,终究是有关世间与超世间之关系。在孔子的时代,人们相信"天"在上,逝去的祖先在"他"之身侧,所有祭祀都应献给"他"。时至今日,这仍是中国的正统信仰。所谓"志",义为"心之所往",即"志向"。而我们需要明白,十五岁的孩子不会有与"神圣者"合一的志向。经过十五年的学习,他已经在知识上有所"成就"了,即为"立"。也就是说,此时的孔子对于世间的事物,或者说对于生命和宇宙已经有了明确的看法。

四十岁时,孔子已经没有困惑了。即是说,他不再怀疑内中的信念,不再因外部的境况而疑惑与动摇。又经过十年的内中努力,他知得"天命",或依宗教的说法,知得"上帝的约命",或"神圣意志"。

我们很难探究孔子五十岁之后的内中成就,朱子讲解这段话时,说到"五十而知天命",就不往下讲了,他说自己还没到五十岁,无法知道圣人在五十岁时的状况。这显然是谦虚之词。一个普通学者即使已经五十、六十或者七十岁,因经历不同,也还是无法正确解释这段话的。有一点似乎是确定的,孔子五十岁时,或者更早,已经开始知得上天对他的约命,所谓"知得",是指在心思与内中深处的确信。我们可以大胆地推断,不仅孔子可以如此,其他人乃至整个人类最终都会如此。对于孔子来说,知得某事是知其全体。因此我们大可认为,孔子在四十至五十岁之间(或者至迟在五十岁时),内中经历了大的明悟,这不仅是一次预见或启示,或是对真理的隐约窥见,而一定是与超上者(the Supreme)的直接交流或合一。或如孔子自己所说:"与天地合其德"①,以瑜

---

① 《易经》。

伽的方式表述，便是与上帝和自然合一。直至生命结束之前，孔子的行动和言语都已稳固并整合在其中了。只有在获得这样的内中成就之后，孔子将"真理"传播于人类的事业才会成为他生命之交响曲的主旋律。在明悟之中，生与死，成功与失败，赞誉与责备，所有构成人类苦难与痛苦的矛盾对立都消失了。而这一定是孔子寻求全般结合与"一"的结果。后文会讨论孔子的弟子对于"一"的解释。

从外部看，儒学与其他世界观体系有一个主要的区别。道在宇宙中为一，这一点非常明了，无需阐释。但是道的表述，培育和传播的方式会有不同。我们知道，道教、佛教和基督教，或还包括伊斯兰教，都从社会底层兴起，然后在大众中平面式地广泛传播，点亮个体灵魂，就如马拉松火炬依次传递，而儒家则更趋向于等级或纵向。几乎所有中国古代的儒学大师都是如此，我大胆地认为中世纪的教皇也是如此。他们都从最上层开始，直接在皇室中产生影响，然后如旱季的雨云，笼罩整个国家，将甘露洒满大地。面对数量巨大的人口，这可能是最直接的和最简易的方法。而在后世，几乎所有哲学流派都努力使自己成为官学，儒家教义尤其如此，因为儒学是人的基本原则，教授的对象是在国家教育机构内学习的贵族子弟。

自然中有一基本的物理法则，某物以一种方式起始或成功，也必会以这种方式结束或失败。无论我们认为儒学是宗教，还是简单地以其为伦理法则，它都要以政治力量传播自己,只要这力量在,就可实行,这力量垮掉,就随之失败。是这样的吗？在这里,有一个微小的区别需加以说明：因为儒学与政治联系紧密,于是问题可以转化为政府是否采纳儒学作为执政方向的指导原则。而儒家并不会将某些信条或教义强加于任何现存的政治力量,并依赖其传播自己的思想。历史已经证明,几乎所有的中国朝代都多少采用了儒家的学说来治理国家,只是程度不同而已,而儒学没有因为任何一个朝代的消亡而消亡。

我们可以从另外一个角度来看待这一问题,儒学中有永恒不灭的真理,其合理性和持久性经得住时间的考验。然而儒学并不是这世上的新福音。孔子在中国被誉为圣人,这缘于他伟大的综合事业,将三代文化的精髓进行了完美的复合,并赋予新的生命。作为文化保持者,这综合工作是孔子的第一个也是最后一个成就,孔子并未添加任何新的东西。我们可以在这伟大的成就中发现儒学的中心原则。孔子正好处在中国文化史上的一个连接点上,在他之前是大演绎,在他之后是大归纳。譬如一匹漂亮的丝绸束结于中间,所有的丝络都汇聚于此,又以此为起点,完好地发舒出去。

研究儒学需要寻出儒学之大义,即中心原则。对于我们来说,比之于圣人一己之所得,圣人的教诲更显重要。即使不存在这样的原则,我们也要从儒家哲学中阐明出这原则。这是一种颇为实用的态度,处理具体事物时似乎还必不可少,当讨论主题如此具有精神性时,就显得更为重要了。而且我们确实找到了这样的原则。

"仁"字一直是翻译家和注释家投入精力最多的一个字。"仁"字的结构很简单:右边是"二",左边是代表"人"的偏旁,表明"仁"的意思是有关于人与人之间的关系。在日常用语中,"仁"字还有水果"核"的意思,保存着植物的生命原则。"仁"字的反义是"麻木"或"漠然",还常用来描述类似麻痹的病症。

经典中出现"仁"这个中心原则的所有段落都是活泼生动的,丝毫没有神秘或含糊之感,而这个词的英译却大多拙劣,窒碍原义。例如,理雅各将"仁"译为"virtue(美德)",这会使英语读者产生错误的印象,以为如此伟大的精神导师不过是板着面孔宣讲道德规范的教师。因为"virtue"在汉语中有另外一个对应字"德",常与"道"字连用,如老子的书名为《道德经》。《哈佛经典·神圣经典》中,"仁"被简单地译为"love(爱)",更生动,却略显肤浅,也没有传达多少含义。因为"love"在汉语中也有另外的对应字。"仁"还被翻译为"benevolence(善行)"和"beneficence(仁慈)",相对于原义,这两个英文词含义太过狭窄;还有译为"compassion(同情)"或者"lovingkindness(慈爱)",与原义较近些,含义却更显窄。"Sympathy(怜悯)"太过浅陋,"humanity(博爱)"含义足够宽广,但却浮表。总之,英语中没有完全与"仁"对应的词汇。

我们需要的不是完美的翻译,也不是任何定义,而是正确的描述。肯定地说,"精神之爱(psychic love)"非常接近原义，但这爱并不只针对个人。这是一宇宙原则，汉语中称为"天地之心"，宇宙的大和谐以之显现和遍漫。"神圣恩典"也非常合适，只是背后有施加恩典的神圣者，这么"仁"便少了人格性。"仁"可以被看作是普降"神圣恩典"的"彼（That）"。以太阳和阳光做类比，"彼"即是太阳本身；但是没有阳光的太阳，如何还是太阳呢？如果我们要使用"爱（love）"这个字，只能在"神圣母亲"的定义下使用：

爱是直接源自"唯一者"的巨大震动……①

换个说法，"仁"就是"神圣之爱"，"神圣圆成"也十分接近，自存于人类之上的圆成。如果称之为某种圆成状态，那这正是所有人类都努力趋向的一种状态，进入这种状态的人即为神圣。向下则接近人的层面上，"仁"包含着各种善，如平和，非暴力，慈爱，善行，同情，博爱等等，还有其他许多美德，如孝，顺，忠，诚，信，以及对适当、有礼、正义、正直、谦虚、谦和的热爱等等。总之，"仁"在上，亦在内，是宇宙存在的根底。

我们可以根据以上阐释，推敲各种译词的不当之处，找到合适的词汇。《论语》共二十篇，除去间接涉及，约有五十

---

① 整段为："爱是直接源自'唯一者'的巨大震动，只有极纯洁和强大者才能接受和显现它。"

四章讨论"仁"。(这里顺便提及,英译《论语》20篇,共489章,内容完整。但不同版本的中文《论语》分篇略有不同,章数也就不同。文本问题过于繁琐,不再细说。)孔子对"仁"的反复提及,显示"仁"在其教诲中的核心位置。而且"仁"是孔子极少详谈及或阐述的三个问题之一,其他两个问题是"天命"和"利",由此可见"仁"的神圣义与庄严义。

然而,"仁远乎哉?我欲仁,斯仁至矣。"①显然,这是孔子在说自己的经验,"仁"就是"神圣之爱"。作为宇宙原则,"仁"离我们不远。人在转念之间就可以拒绝冷漠枯燥的生活,付出并得到爱,只要人觉醒于"仁","仁"便就在眼前了。即使在日常生活中,只要人愿意,他就能觉醒,做到公正、善良和亲切。还有另一段话表明同样意思:

> 有能一日用其力于仁矣乎!我未见力不足者。盖有之矣,我未之见也。②

然而在人的水平上,远不能"要有光,就有了光";欲在"神圣之爱"中圆成,需付出艰辛的努力,甚至舍弃生命。有人问孔子:"伯夷和叔齐是什么样的人呢?",孔子说,他们是古代的两位贤人,他们"求仁得仁",所以没什么要抱怨的

---

① 《论语·述而篇第七》第29章。
② 《论语·里仁篇第四》第6章。

了。这两位贤人为了追求"仁",竟至饥饿而死。他们将生命献给高贵的且神圣的理想,已在内中实现了圆成。他们死去时,心思全然宁静于圆满福乐之中。在中国历史上,于变革时期欣然赴死者无数,尤其在旧王朝崩落时为最甚,究其缘由,区区一"仁"字而已。对于多少具有些德性的普通人来说,又会有些什么样的说法呢?"仁"实不易及也。见《论语》所记:

> 孟武伯问:"子路仁乎?"
>
> 子曰:"不知也。"
>
> 又问。
>
> 子曰:"由也,千乘之国,可使治其赋也,不知其仁也。"
>
> "求也何如?"
>
> 子曰:"求也,千室之邑,百乘之家,可使之为宰也,不知其仁也。"
>
> "赤也何如?"
>
> 子曰:"赤也,束带立于朝,可使与宾客言也,不知其仁也。"①

对话中提到的人都是孔子的高足,多有贤德才能,如有

---

① 《论语·公冶长篇第五》第7章。

机会,皆能成事。没人比老师更了解自己的弟子了,孔子不认为他们已经做到了"仁"。只有极度贫困的弟子颜渊,安于一箪食,一瓢饮,住在简陋的巷子里,以肘为枕,却不改其乐(Ananda),孔子如此称赞他:

"回也,其心三月不违仁,其余则日月至焉而已矣。"①

一次,另一个穷困的弟子原宪问孔子:

"克、伐、怨、欲不行焉,可以为仁矣?"
子曰:"可以为难矣,仁则吾不知也。"②
子张问曰:"令尹子文三仕为令尹,无喜色;三已之,无愠色。旧令尹之政,必以告新令尹。何如?"
子曰:"忠矣。"
曰:"仁矣乎?"
曰:"未知,焉得仁?"
"崔子弑齐君,陈文子有马十乘,弃而违之。至于他邦,则曰:'犹吾大夫崔子也。'违之。之一邦,则又曰:'犹吾大夫崔子也。'违之。何如?"

---

① 《论语·雍也篇第六》第5章。
② 《论语·宪问篇第十四》第2章。

子曰:"清矣。"

曰:"仁矣乎?"

曰:"未知,焉得仁?"①

然而,历史上有几位贤人,孔子因其在世间的行业,称他们为仁。

子路曰:"桓公杀公子纠,召忽死之,管仲不死。曰:未仁乎?"

子曰:"桓公九合诸侯,不以兵车,管仲之力也。如其仁!如其仁!"②

子贡曰:"管仲非仁者与?桓公杀公子纠,不能死,又相之。"

子曰:"管仲相桓公,霸诸侯,一匡天下,民到于今受其赐。微管仲,吾其被发左衽矣。"③

"岂若匹夫匹妇之为谅也,自经于沟渎而莫之知也。"④

如此可见,为国家带来和平的政治家,因其政绩,也可算

---

① 《论语·公冶长篇第五》第 18 章。
② 《论语·宪问篇第十四》第 17 章。
③ "披发左衽"是蛮族习俗。中国古人穿衣扣于中间或右侧。头发总是束起的。
④ 《论语·宪问篇第十四》第 18 章。

是"仁"。远至殷商,微子避去,箕子为奴,比干因谏而死。孔子说:"殷有三仁焉。"①

> 子贡曰:"如有博施于民而能济众,何如? 可谓仁乎?"
> 子曰:"何事于仁,必也圣乎! 尧、舜其犹病诸!"
> "夫仁者,己欲立而立人;己欲达而达人。"
> "能近取譬,可谓仁之方也已。"②

现在,我们可以依照这样的原则,看一下孔子是如何看待自己的。他曾坦白且谦虚地说:

> 子曰:"文莫,吾犹人也,躬行君子,则吾未之有得。"③
> 子曰:"若圣与仁,则吾岂敢。抑为之不厌,诲人不倦,则可谓云尔已矣。"公西华曰:"正唯弟子不能学也。"④
> 子曰:"君子道者三,我无能焉:仁者不忧,知者不惑,勇者不惧。"子贡曰:"夫子自道也。"⑤

---

① 《论语·微子篇第十八》第 1 章。
② 《论语·雍也第六》第 28 章。
③ 《论语·述而篇第七》第 32 章。
④ 《论语·述而篇第七》第 33 章。
⑤ 《论语·宪问篇第十四》第 30 章。

第五章 儒学大义(续)

人类的爱充满了焦虑。从负极的意义上来说,没有爱,就没有焦虑。许多思想体系都曾教导人去除爱。这是虚无主义的倾向,为寻求安宁,最后诉诸于大"空",快乐和痛苦都在其中息止。而孔子的教导却是积极的和确定的。回顾前文,对于孔子的教导,"神圣之爱"是最适宜的称谓。无论我们有没有意识到,"神圣之爱"正是我们所有人赖以生存的根基。

显而易见,即使不信仰宗教,人也可以是精神性的。不仅僧侣和先知可以拥有这"爱",伟大的政治家也可以,如管仲。管仲只是一位出色的政治经济家①,一个有能力的外交家,一个生活奢华的人。然而他可以被称为"仁",因为他使

---

① 这里需提及的是,《管子》并非管仲所作,只是伪托。

齐国拥有了半个世纪的和平,使古代文化得以保存。商代的微子、箕子和比干也受到同样的赞许,他们践行尘世之路,直至牺牲生命。伯夷、叔齐也是如此。我们还可想到当代的几位领袖人物,如亚伯拉罕·林肯、孙中山和甘地。他们将神圣之爱带到世间,因此可称他们为伟人。通常理解,牺牲生命可以是大事,也可以是小事,可轻如鹅毛,可重如泰山。问题在于为何种目的?目的或可不同,但可以确定的是,那一定不会是因为个人或私我的理由,只能是为了"神圣之爱"。所以孔子说:

> 子曰:"志士仁人,无求生以害仁,有杀身以成仁。"①

我们知道,自我保存是人类与生俱来的本能,教人自愿放弃生命并非易事。但孔子并非教人如何死,而是教人如何生。

> 子曰:"民之于仁也,甚于水火。水火吾见蹈而死者矣,未见蹈仁而死者也!"②

如果"仁"之于生命的重要性可与水火相较,那么,同样

---

① 《论语·卫灵公篇第十五》第8章。
② 《论语·卫灵公篇第十五》第34章。

可视"仁"为寻常之事,为人人皆可践行的道路。为了在神圣之爱中圆成,人可以舍弃自己的生命,但是神圣之爱并不要求生命损毁在圣坛之上。与之相反,神圣之爱维持着生命,赋予其意义,将其携至圆成,驻于永恒生命之中。神圣之爱常被比作春天,温带的春天在冰天雪地之后来临,蓝天之下,鲜花发芽,绿植生长,而死亡常常被比作秋天或冬天。人的心灵能否如春季明朗的天空一样广阔、温暖和恩慈呢?

至于"永恒生命",那是瑜伽之事:对精神或彼岸的寻求,寻求死后的天堂,或称为解脱(Mukti),道路各异。这不仅是佛教徒或其他宗教教徒,也是道教徒喜爱讨论的主题。如果依照室利·阿罗频多对瑜伽作更宽广的解说,认为"一切生命皆是瑜伽",那么儒学之"道"对此亦有所说,其已在之中了。依自然秉性的不同,寻求者或倾向于智识之道,或倾向于敬爱之道。于是有智识瑜伽(Jnana-Yoga)与敬爱瑜伽(Bhakti-Yoga)之别,然两途在终点合一,修智识之道者也可以是修敬爱之道者,反之亦然。人在外部气质上也会不同,有人天生聪慧、机敏,有人不如此,却有慈爱之心。而后者更易于笃行此道。我们再看孔子如何说:

> 子曰:"知者乐水,仁者乐山;知者动,仁者静;知者乐,仁者寿。"[1]

---

[1] 《论语·雍也篇第六》第21章。

另一处：

> 子曰："知及之,仁不能守之,虽得之,必失之。知及之,仁能守之,不庄以莅之,则民不敬。……"①

显然,孔子也对这两种不同气质的人作了区分,正对应于古印度的两种不同道路。而永恒生命应在神圣圆成中获得。进而：

> 樊迟问仁。
> 子曰："爱人。"
> 问知。
> 子曰："知人。"②

孔子并未说明为什么要爱人。但是"仁"本身不就是原因吗？我们需要在这源头活水上附加任何武断的理由吗？在瑜伽的义度上,说"爱是存于人中的神性(the Godhead)",即是说并非只爱人或人类,而是爱一切存在中的"自我"。这正是一个转折点,韦檀多哲学由此向内,儒家由此向外。我们可以确认,同为儒家人物的孟子觉得了"自我(the Self

---

① 《论语·卫灵公篇第十五》第32章。
② 《论语·颜渊篇第十二》第22章。

或者 Atman)"。如果采取严格的历史学之视角,仅凭文字记载判断,我们无法全然确定孔子是否也觉得了"自我"。自我延伸之路线有两条,一条是转向道德伦理领域,扩展至处于同一平面上的大众;另一条是向内或向上转对在上的神性,即形而上学领域,个人得以纵向提升。儒家学者认为,"如果个人圆成只是为了自己的救赎,而非为了全体,那么有何用处呢?"儒学向外转的努力旨在社会进步,大众成长,人类整体最终得以超越。这使我们想起"地狱不空誓不成佛"的菩提萨埵。

同样的问题总有不同的回答,如孔子曾说:"中人以上,可以语上也;中人以下,不可以语上也。"[1]孔子弟子三千,才质自然不同,教导方式自然也是区别很大的。

> 樊迟问知。
> 子曰:"务民之义,敬鬼神而远之,可谓知矣。"
> 问仁。
> 曰:"仁者先难而后获,可谓仁矣。"[2]

这即是说,在儒学大义中,行事不必问结果,但却不能忽略"民之义"。《薄伽梵歌》的信徒对这原则同样非常熟悉。

---

[1] 《论语·雍也篇第六》第19章。
[2] 《论语·雍也篇第六》第20章。

同一主题,还有一段对话:

> 樊迟问仁。
> 子曰:"居处恭,执事敬,与人忠。虽之夷狄,不可弃也。"①

在这里,很容易看出向外的转向。

知识水平高的人通常以心思(mind)理解事物,而仁爱的人通过心(heart)领会事物。后者可能拙于言语,但却同前者一样聪明。如下:

> 子曰:"刚、毅、木、讷近仁。"②
> 曾子曰:"吾日三省吾身,为人谋而不忠乎?与朋友交而不信乎?传不习乎?"③
> 司马牛问仁。
> 子曰:"仁者,其言也讱。"
> 曰:"其言也讱,斯谓之仁已乎?"
> 子曰:"为之难,言之得无讱乎?"④
> 或曰:"雍也仁而不佞。"

---

① 《论语·子路篇第十三》第19章。
② 《论语·子路篇第十三》第27章。
③ 《论语·学而篇第一》第3章。
④ 《论语·颜渊篇第十二》第3章。

> 子曰:"焉用佞?御人以口给,屡憎于人。不知其仁,焉用佞?"①

如今,言语同写作一样,也是一门值得学习的艺术。但在古代中国,没有需要演说的公共集会,也没有产生德摩斯提尼(Demosthenes)或西塞罗(Cicero)这样的人物。逻辑学家和公共演说家晚至战国才出现。因其常常文过饰非,遮蔽清醒的知觉性,引得恶果,遂受普通人群的轻蔑。然而言语也是孔门四科之一。孔子曾提到:

> 子曰:"有德者必有言,有言者不必有德。仁者必有勇,勇者不必有仁。"②

"勇"是另外一种德性,通常指行动之人,践行行业瑜伽之路。儒家并未区分这三种道路,但这三种卓越的德性在儒家总是分别对应于三类人。两大完全未曾交会的古代学问正是在此处契合,两者对宇宙真理的表述完全相同。然而在儒家,这教导不能分开领受,此三种道路必须协和互补,以为铸成神圣人格。因此,心向"神圣之爱"的人仍要努力学习知识,当需要行动时,能够得以完成。我们可读到:

---

① 《论语·公冶长第五》第4章。
② 《论语·宪问篇第十四》第5章。

>"好仁不好学,其蔽也愚。"①
>
>子曰:"当仁不让于师。"②

显然,践行仁爱之路的人也应当有知识,否则可能会落至愚蠢。孔子与弟子有这样的对话:

>宰我问曰:"仁者,虽告之曰:'井有仁焉'。其从之也?"子曰:"何为其然也?君子可逝也,不可陷也;可欺也,不可罔也。"③

这里有一略微模糊处,君子和仁者有什么区别呢?显然是没有的,如下:

>子曰:"君子而不仁者有矣夫,未有小人而仁者也。"④

不必详加讨论,我们即可认定此处"君子"即是"仁者"。但通常后者相对于智者而言,前者相对于小人而言。我们还可读到:

---

① 《论语·阳货篇第十七》第8章。
② 《论语·卫灵公篇第十五》第35章。
③ 《论语·雍也篇第六》第24章。
④ 《论语·宪问篇第十四》第7章。

子曰:"唯仁者能好人,能恶人。"①

子曰:"苟志于仁矣,无恶也。"②

子曰:"富与贵,是人之所欲也;不以其道得之,不处也。贫与贱,是人之所恶也;不以其道得之,不去也。君子去仁,恶乎成名?君子无终食之间违仁,造次必于是,颠沛必于是。"③

由此可以看出,高上意义上的仁爱与普通意义上的爱人之区别是很大的。用心于通常意义上的爱,可能引生出错误的行为。如此行为的人仍然游弋于情命之中,如果这种爱得不到回报或受到抵触,任何存于我们本性之中与爱相反对的元素都会立刻起而反抗。而儒家教导"神圣之爱",绝对的爱,本质上为纯净的精神之爱。"神圣之爱"不求取任何回报(尽管可以得到任何可能的回报),不会产生恶,因其本身超出了所有的恶。这精神之爱是"超人类(superior-mandhood)"的本质,这样的人从外表看来无疑是"君子(gentilhomme)",但是我们可说,在其内中,他亦是卓绝的精神求道者。所以终极且重要的是内中之努力。我们发现,孔子的弟子每次问起相同的问题,都得到不同的答案。精神之爱并非指向一两个人,而是指向宇宙中的所有人和所有事物。

---

① 《论语·里仁篇第四》第3章。
② 《论语·里仁篇第四》第4章。
③ 《论语·里仁篇第四》第5章。

颜渊问仁。

子曰:"克己复礼为仁。一日克己复礼,天下归仁焉。为仁由己,而由人乎哉?"

颜渊曰:"请问其目?"

子曰:"非礼勿视,非礼勿听,非礼勿言,非礼勿动。"

颜渊曰:"回虽不敏,请事斯语矣。"①

"礼"在英文中常被译为"propriety"或"courtesy"。这两个英文词的含义浅窄,肤表,不能相应,中文的"礼"字具有更深广的含义。关于礼,现存有三部书:《周礼》、《仪礼》、《礼记》,内容涵盖全部古代文化。

仲弓问仁。

子曰:"出门如见大宾,使民如承大祭。己所不欲,勿施于人。在邦无怨,在家无怨。"

仲弓曰:"雍虽不敏,请事斯语矣。"②

迎宾、行祭是礼所涵盖的内容。仪式中常常演奏音乐,乐与礼紧密相连。礼和乐基于仁爱而生。孔子曾说:

---

① 《论语·颜渊篇第十二》第1章。
② 《论语·颜渊篇第十二》第2章。

子曰:"人而不仁,如礼何? 人而不仁,如乐何?"①

但是推己及人并不容易做到。

子贡曰:"我不欲人之加诸我也,吾亦欲无加诸人。"

子曰:"赐也,非尔所及也。"②

同样的道理,孔子曾再次说给子贡。

子贡问曰:"有一言而可以终身行之者乎?"

子曰:"其恕乎! 己所不欲,勿施于人。"③

由此可见,儒家具有比佛教更为宽广的道德规范,前者的道德感知范围更大,远超有限的形式。不杀生、不妄语是非常简单的戒律,是佛陀给出的戒命,但是仍然没有触及到问题的根底。而儒家仅仅教导我们应以自我为量度。如果你不喜欢别人对你说谎,那你也不应对别人说谎,或者,如果你不想被杀,那你也不应杀人。将恕道推及至所有人,即是同情。积极地说,如果你希望自己免于痛苦,那么也应使

---

① 《论语·八佾篇第三》第3章。
② 《论语·公冶长篇第五》第11章。
③ 《论语·卫灵公篇第十五》第23章。

他人免于痛苦。这是最简单最直接的道路,扩充至个人行为,远比"你不应当如何"这样的诫命宽大而又整全。即使圣贤如子贡,也不能肯定自己拥有了这样的德性。从根本上说,德性如"恕"仍然根基于"神圣之爱"。如果"神圣之爱"得以完全舒展,自然会生出恕道,便无需这些道德诫命了。

世上所有的道德伦理体系中都有"自制"的教导,这可追溯至刻在德尔斐阿波罗神庙上的箴言"认识你自己"。但是声称一日克己复礼,天下归于其心之仁,这似乎只不过是修辞而已,不然就过于夸张了。但这句话应该放到彼时的历史背景下来理解。我们记得,将这一切付诸实践的人应该是"君子",通常是皇子或统治者,这区别于普通意义上的"君子",因为前者会使这一宗学问成为官学。可以想见,如果掌控权力的统治者转心趋向这一原则,影响会扩充至所有人,世人自然会将仁德归于他们。但必有大的内中努力,才能达至。经过极艰苦的内中奋斗,达至一点,自然转向外展。这是几乎所有精神导师的共同经验。在形而上学的义度上,这好似又回到出发点——后世称颜回为"复圣"——实际上是圆形运动中的螺旋式上升。回到原点,但是上升到更高的经度,获得更宽广的视野,觉察到必须要对天下众生有所作为了。

然而,即使有志于此,被尊为仁者,欲成就若干积极之事业并非易事。大众通常是具有惰性的群体,任何提升或转变都伴随着巨大的迟疑,而大众同时又是具有智识的群体,聪慧不逊于神,是很难被蒙蔽的。大众转化的启明之路必将是渐进而且漫长的。即使经由高等知觉性者的创造,已经形成和平、善意、和谐即仁爱的普遍氛围,反对因素的彻底消除仍需要长久的时间。

> 子曰:"'善人为邦百年,亦可以胜残去杀矣。'诚哉是言也!"①
> 子曰:"如有王者,必世而后仁。"②

依照古义,一世是三十年。真正的帝王就是能够创造这种仁爱氛围的人,但是这样的帝王并不常出现。历史经验告诉我们,仁爱的扩充不能在短时间内实现。我们在这里可以看到儒家教导的不同之处,其所企望的天堂或乌托邦在此世建立。在这天堂或乌托邦里,"神圣之爱"扩充至每一人,残暴与死刑全然消除,极乐与幸福常驻。这不同于教导死后升入天堂或进入涅槃,以此得到灵魂的拯救。且不论儒家是否可称为宗教,儒家教义之核心即是如此。儒家所教如此,弟子彼时所学,后世所学亦如此。如下:

---

① 《论语·子路篇第十三》第11章。
② 《论语·子路篇第十三》第12章。

有子曰:"君子务本,本立而道生。孝弟也者,其为仁之本与!"①

子曰:"弟子入则孝,出则悌,谨而信,泛爱众,而亲仁。行有余力,则以学文。"②

子曰:"志于道,据于德,依于仁,游于艺。"③

子贡问为仁。

子曰:"工欲善其事,必先利其器。居是邦也,事其大夫之贤者,友其士之仁者。"④

曾子曰:"士不可以不弘毅,任重而道远。仁以为己任,不亦重乎?死而后已,不亦远乎?"⑤

同样的问题也可设问于基督徒,进而还可问:"这担负不正如耶稣肩上的十字架一样吗?"

---

① 《论语·学而篇第一》第2章。
② 《论语·学而篇第一》第6章。
③ 《论语·述而篇第七》第6章。
④ 《论语·卫灵公篇第十五》第9章。
⑤ 《论语·泰伯篇第八》第7章。

第六章 六　艺

　　仁或神圣之爱是儒家教义的核心。或是因为"仁"是内在于所有人类灵魂之中的启明之光，能够与在上的伟大"启明者"相融合，是一条向所有人敞开的道路。如果"仁"并非先天内具于人，那么一定是后天强加于人，如此一来则一切通向"仁"的途径便成为人为造作的，一切起于内中的生长、发展或自然发华遂为不可能，"仁"也就因此不再是一条敞开的道路了。这敞开的道路最终一定要通向"神圣者（Divinity）"，"神圣者"本身虽然仍是秘密，但这秘密属于光明，非属于黑暗。在此义度上，孔子是一位精神导师，而非道德说教者。表面看来，儒家教义简单，不涉及深奥的内容。孔子很少提及对在上者或终极者的觉悟。孔子曾说：

　　"予欲无言。"

子贡曰:"子如不言,则小子何述焉?"

子曰:"天何言哉？四时行焉,百物生焉,天何言哉？"①

子贡曾说:

"夫子之文章,可得而闻也;夫子之言性与天道,不可得而闻也。"②

孔子所知所想的大部分内容并未为弟子们所得,他的言语和教导也只有一部分被记录下来并保存至今,这可能是很小的一部分,而且也只涉及精神文化方面,其他的则永远留在沉默之中了。即使这公开的部分也是他所不愿讨论的,例如有关"神圣之爱"的话题,如果不是弟子一再追问,孔子还是会保持沉默的。所以,我们仍然找不到关于这个问题详细的论述。且不论孔子这样伟大的精神导师,即使任何有过内中体悟的普通人也知道语言的限度,超越语言的层面虽然并非不能传达,却无法表述。再进一步说,升至某个境界,语言不仅无用,而且是不必要了。假使有人与"仁"为一,如天,如上帝,万物在其中各顺其性,生长增殖,语言又有何用呢?

---

① 《论语·阳货篇第十七》第19章。
② 《论语·公冶长第五》第12章。

孔子曾站在河水边说道："逝者如斯夫，不舍昼夜。"宇宙万物与季节或时间一同变化，当人到达"不变"的一点，便沉默了。我们不必在这里探讨古希腊哲学家赫拉克利特的变化理论，只问这是否同于某些现代思想家所谓的"合一"？于"永在"之中，不仅语言，就是"时间"也已失去了。

孔子对于超上问题保持沉默，外在的原因一定是因为弟子们年纪太轻了，无法理解老师的内中思想。我们可以计算出，孔子与众弟子的年龄平均相差35岁。① 面对这样一群未经世事的年轻弟子，天命或者人性的话题自然少有议论。颜渊一定是最能理会老师思想的弟子，却英年早逝，不然定能继承老师的衣钵。

古代孔门教授弟子与印度传统非常相似。弟子拜师后，终生奉其为师。老师对弟子的教育、精神乃至身体修为，甚至生死都负有责任。弟子的成就会带给老师荣耀，弟子的劣行或枉死则是老师的羞辱。孔子有两三个弟子使他终生蒙羞。弟子要将全部身心奉给老师，一举一动都要经由老师指点。弟子是自由的，但遇到大事必先询问于老师。师徒好似

---

① 孔子最出色的三十多个弟子中，公孙龙小孔子53岁；伯虔和另外几个弟子小50岁；公西赤小42岁；颜幸小46岁；有子小43岁；樊迟小36岁；商瞿小29岁；澹台灭明小39岁；子张小48岁；子夏小44岁；子贡小31岁；冉求小29岁；颜渊小30岁；只有子路最年长，小孔子9岁，然而子路是军人，死于卫国王位争斗之中。由此可见，孔子周游列国时，随行的实际上是一群年轻人。（参见《史记·卷六十七·仲尼弟子列传第七》）

父子,而且比父子更加亲密,因为依照中国的传统,即使父亲是老师,也不能教授自己的孩子。这里蕴含着深刻的心理原因,孔子就是一例:

> 陈亢问于伯鱼曰:"子亦有异闻乎?"
>
> 对曰:"未也。尝独立,鲤趋而过庭,曰:'学《诗》乎?'对曰:'未也。''不学《诗》,无以言。'鲤退而学《诗》。"
>
> "他日又独立,鲤趋而过庭,曰:'学《礼》乎?'对曰:'未也。''不学《礼》,无以立。'鲤退而学《礼》。"
>
> "闻斯二者。"
>
> 陈亢退而喜曰:"问一得三,闻《诗》,闻《礼》,又闻君子之远其子也。"①

如果伯鱼没有碰巧遇到陈亢,可能就任自玩耍了。最近有欧洲作家注意到中国父母对于孩子的容忍和溺爱,是否普遍如此不可知。但这古老传统的源头可以追溯至此,中国的父亲对儿子总是保持着礼貌的克制。孟子曾经解释过,也许只有这样才能更好地保持自然的爱。老师可以严厉,但是父亲不能。这里没有"重生(second birth)"的问题②,因为弟子

---

① 《论语·季氏篇第十六》第13章。
② 依印度传统,拜师是弟子的重生。——译者注

可以依照自己的意愿或者老师的意愿拜投其他老师,后者的情况,就如同父亲将儿子交付给老师一样。一个人一生中可以有若干老师,与每个老师的相互责任几乎都是伴随一生。

植树人最大的快乐就是看到自己种下的树苗长大成材,教育者最大的快乐就是看到自己的学生成为善良有为的公民。孔子的多数弟子后来都服务于诸侯国,老师的名声也随弟子传播各处。在某种程度上,我们可以想见孔子的政治影响力非常之大。孔子周游在外时,弟子们会首当其冲,尽力为老师提供服务。印度教师(Guru)如果有很多弟子,在森林期时一定也会经历同样的情感,虽然他们行走的性质不同于孔子。老师会很高兴见到弟子以其所学而有所成就,如不满意弟子所为,则会逐其出门。如下:

> 子之武城,闻弦歌之声。夫子莞尔而笑,曰:"割鸡焉用牛刀?"
>
> 子游对曰:"昔者偃也闻诸夫子曰:'君子学道则爱人,小人学道则易使也。'"
>
> 子曰:"二三子!偃之言是也。前言戏之耳。"[1]
>
> 季氏富于周公,而求也为之聚敛而附益之。
>
> 子曰:"非吾徒也,小子鸣鼓而攻之,可也。"[2]

---

[1] 《论语·阳货篇第十七》第4章。
[2] 《论语·先进篇第十一》第16章。

如上可见老师与弟子之间的关系。

我们接下来讨论孔门所教的科目。在周代,教授知识有六个基本门类,称为六艺。在孔门,六艺指六部经典,稍后我们会详细讨论。六艺分别是礼、乐、射、御、书、数。

以现代眼光观看,数学是一门科学,但在古代是一门艺术。我们须要知道,古代学生与现代学生在智力上并无太大差别,老师首先教授基本知识,再逐步讲授高等知识。数学作为一门实用科学十分复杂,涉及房屋建造,各类家具器皿的制作,田地测量等等。所以数学还会包括基本的平面、球面几何知识,以及一些基本物理知识。数学知识还包括计算日期,如日蚀、月蚀,夏至、冬至,而这些属于特殊学问,只由高等学生学习。在孔子之前的三代时期,天文事物由专门机构负责。这里顺便提及一事,古人比我们现代人具有更高的天文学知识,只是我们误称其为占星术。农民和牧民比居住在大城市里的居民更了解星星和季节的变化,因为他们的生活与大自然直接相关。欲了解古代数学知识,需要参考三部有关"礼"的经典,而不是《九章算术》,虽然这本书据称成于公元前2700年的黄帝时期,然实为后世的伪托之作。

"书"实际上是一门艺术,现在称为书法。因其有关于文字、发音、字义以及不同书写方式的学习,可视其为语源学。古人在竹子上书写,将竹片经火微烤,除去绿色,表面涂漆,再用皮绳捆绑,这都需要一定的技术和经验。这是保存人类知识的唯一途径,这一技术可算是独立的艺术。

"射"、"御"在今天属于体育,古时亦然。这两门艺术都有关于特定的仪式,只是早已废弃。古代战车和货车的构造不同于后世,古代仪式也不再使用。古书如《庄子》、《列子》、《吕览》中,仍然可以读到有关射箭和驾车的技艺,记述得十分精彩,弓、箭和手臂好似一机械装置,又或马匹、御手和战车几乎为一有生命的身体或一有机整体。现存经典《周礼》中,可见到弓、箭、车、轮的制造方法。18世纪的学术研究辅以现代考古发现,可以提供有关这些物件的正确信息。驾驶技术包含关于马的知识,在汉代发展成为专门的相马术,以最优良的马为模型铸成铜像。而在今天,这些只会引起学术研究方面的兴趣了。"射"、"御"最初属于体育教育,例如拉开强弓,通常在弓弦上挂重物以度衡力量,或者驾驭六匹马六个缰绳的车,这对力量有很高的要求。对于这种训练来说,打猎或战斗是次要的目的。作为普通体育教育的一部分,这两门技艺并非仅仅为了增强肌肉力量,如希腊罗马世界的运动员所为,而是为了培养具有高度文化修养的武士,因为这两项技艺与"礼"密切相关。

中国古乐未能流传下来,这很不幸。"礼崩乐坏"这句话出现在汉武帝的诏书中,时为公元前124年6月。自那时起,历朝历代的学者和乐师都曾努力恢复古乐,每次恢复都有新的发现,但是古乐的重建无论如何不能算是完全成功的。即便是到了今天,仍然有学者致力于此,完美的成就只能期于将来了。古乐器的重造可以求助于考古发掘或者古代文献记载,有乐理可供研究(尤其是有关心理学的部分),但演奏能否与周代相同呢? 仍属疑问。

根本问题是,无论古代或现代音乐,经典或浪漫音乐,虽不必然在不断进步,但一定都在不断变化。周代之初,商王的宫廷乐师带着乐器失散四处,周公重建音乐时,已有很大的不同。① 有关音乐的新发现几乎全部局限于宫廷音乐,演奏于宫廷庆典、宗祠祭祀或军队之中。这可称作经典音乐,至少经历了七八百年的变迁。与此相伴的还有普通百姓的音乐,可能粗糙,但一定是流行的。这流行音乐也被称作"俗乐",不断吸收异域元素,一直存活至今。

孔子之时,经典音乐仍在,音乐教育从未被忽视过。教学童以歌以舞,弹奏各种乐器,通常以金属、石头、皮革、蚕丝、树木、竹子等自然材质制成。② 大司乐掌管国学教育,监管国家教育政策。君子无特殊缘故,不撤琴瑟,只有为父母服丧之时才会不鼓琴瑟。孔子一生之中有关音乐的记载有如下几处:

"子与人歌而善,必使反之,而后和之。"③

"子于是日哭,则不歌。"④

---

① 《论语·微子篇第十八》第9章。——译者注
② 《周礼·春官宗伯第三》。——译者注
③ 《论语·述而篇第七》第31章。
④ 《论语·述而篇第七》第9章。

> 孺悲欲见孔子,孔子辞以疾。将命者出户,取瑟而歌,使之闻之。①

"礼"为六艺之首,相对来说是幸运的。汉代之前,"礼"处于衰败之中,但是得到了部分的恢复。在现代语言中,"礼"确有"礼节"、"礼仪"、"礼貌"之义,但在古代,"礼"的含义更加深广。大体上说,古希腊负责庆典的机构和现代的教会仪式都包含在"礼"中。关于"礼"的内容,需要做三个层面的区分:第一,理论体系或哲学;第二,实践,包括所有礼仪、礼节和得当的举止;第三,物质对象。举一个最简单的例子,送朋友礼物,首先要有原因,其次是送的方式,最后是礼物本身。在理论层面,其中蕴含着深层的心理,伦理,尤其是逻辑因素。在根本上这是一门有关区别的知识,区别正确与错误,高上与低下,真与假,美与丑,区别个体与百姓的行为、事业和成就所具有的价值。

古人将"礼"解释为"培育"或者"文化(动词)"(荀子语)。以理想的生活方式为目标,我们的全部生活丝毫不遗,皆在这培育和文化之内。细微的情绪、感情和感觉经由音乐教育细心培育,美感在其中起着重要作用。"礼"与"乐"犹如同胞兄弟或姐妹一样共同前行。礼乐未曾忽略个人的情命体,而是使其规范,将力量导向正当渠道,使激情不至失控

---

① 《论语·阳货篇第十七》第20章。——译者注

迸逸。全然去除欲望,在大众是不可能的事儿,以和谐的方式予以规范,"欲必不穷乎物,物必不屈乎欲。"(荀子语)

从外部观看,"礼"是得体的行为、礼仪和礼节的规范,必须在儿童时期学习,或者换个说法,儿童被教以理想的生活方式。只有圣人如周公可以制定这样的规范,亦如只有梭伦这样的智者才能给雅典人立法。在普罗大众中使用惩罚性或禁制性的法律,行恶事会受到惩罚。而"礼"作为一种规范,悄然地除去了行恶的根源,其在根本上有转化之功,先行于法律之前。但是,无论这规范的效用在当世或在仍遵从这规范的后世,有多么广大无边,却都是不甚明显的。在和平与和谐的社会氛围中,犯罪事件很少,却无法统计出有多少犯罪因为规范之效用而没有发生。毋庸置疑,这种社会氛围的益处是不容否认的,且影响巨大。孔子晚年并没有修编法律条文,这本身就显示出他所做的工作是更为重要和根本的。

佛教戒律亦教导提撕生命的正确方法,与"礼"非常相像,但是"礼"在本质上更加灵活,解说并更加强调理想生活方式的内中层面,而非外部规范。外部规范会随着时间而变化,但其核心本质却不变,这正是周代各派思想所教导的首要之事。有关于"礼",孔子有如下论说:

孟懿子问孝。

子曰:"无违。"

樊迟御。子告之曰:"孟孙问孝于我,我对曰,无违。"

樊迟曰:"何谓也?"

子曰:"生,事之以礼;死,葬之以礼,祭之以礼。"①

子张问:"十世可知也?"

子曰:"殷因于夏礼,所损益,可知也;周因于殷礼,所损益,可知也。其或继周者,虽百世,可知也。"②

子曰:"夏礼,吾能言之,杞不足征也;殷礼,吾能言之,宋不足征也。文献不足故也。足,则吾能征之矣。"③

如前所述,"礼"是不断变化的,但是其本质不变。杞国是夏代王族后裔的封国。依据古礼,战胜国不应该灭绝被征服王朝的后裔,应分给他们一处采邑,以侍奉其祖先。这一古礼一定是源于"仁"的动机,亦是所有古礼的源出处。殷代后裔也受到同样的对待,他们的采邑叫宋。伟大的制度跟随伟大的王朝一同消亡了,记录和书籍也被销毁,能够讲述以往建制的贤人也逝去了,因此孔子确认正确的许多事情无法得到证实。事实上,夏商两代王者的合法后裔总能出现在后世王朝之中,享有祭祀自己祖先的

---

① 《论语·为政篇第二》第5章。
② 《论语·为政篇第二》第23章。
③ 《论语·八佾篇第三》第9章。

权力。

> 子曰:"禘自既灌而往者,吾不欲观之矣。"①

这也是"礼"的一部分。禘礼复杂而时长,奠酒之后,真正的礼仪才开始,而这些皆非应鲁公所为,所以孔子认为剩下的就不值得再看了。孔子仍然遵从周礼,但是在孔子之时,礼在诸侯国内已经渐渐变味了。

> 子贡欲去告朔之饩羊。子曰:"赐也!尔爱其羊,我爱其礼。"②

每年秋末,周天子派使者向诸侯国颁布来年的历法,使者走遍所有诸侯国需要三个月。我们不清楚这历法的具体内容,但历法确定出闰月和每月的第一天。各诸侯国要用羊来款待颁布历法的使者,这是古礼。自周景王③起,周王不再派使者前往诸侯国颁布历法了,而鲁国每年供奉依旧。子贡认为这样的礼仪已经过时,羊也不用再献了。但孔子以为,如果献羊的礼仪也被废除,那么,这一古礼就真的荡然无存了。

---

① 《论语·八佾篇第三》第10章。
② 《论语·八佾篇第三》第17章。
③ 大约在襄公29年,即公元前544年。

子曰:"事君尽礼,人以为谄也。"①

定公问:"君使臣,臣事君,如之何?"

孔子对曰:"君使臣以礼,臣事君以忠。"②

子曰:"能以礼让为国乎?何有!不能以礼让为国,如礼何?"③

子曰:"君子博学于文,约之以礼,亦可以弗畔矣夫!"④

这段中的"君子"是古代誊抄者的误写,实际上是指所有人。

陈司败问:"昭公知礼乎?"

孔子曰:"知礼。"

孔子退,揖巫马期而进之,曰:"吾闻君子不党,君子亦党乎?君取于吴为同姓,谓之吴孟子。君而知礼,孰不知礼?"

巫马期以告。

子曰:"丘也幸,苟有过,人必知之。"⑤

子曰:"恭而无礼则劳,慎而无礼则葸,勇而无礼则

---

① 《论语·八佾篇第三》第18章。
② 《论语·八佾篇第三》第19章。
③ 《论语·里仁篇第四》第13章。
④ 《论语·雍也篇第六》第25章。
⑤ 《论语·述而篇第七》第30章。

乱,直而无礼则绞。君子笃于亲,则民兴于仁;故旧不遗,则民不偷。"①

子曰:"兴于诗,立于礼,成于乐。"②

子曰:"上好礼,则民易使也。"③

先生说:"……知及之,仁能守之,不庄以莅之,则民不敬。知及之,仁能守之,庄以莅之,动之不以礼,未善也。"④

子曰:"君子义以为质,礼以行之,孙以出之,信以成之。君子哉!"⑤

子曰:"礼云礼云,玉帛云乎哉?乐云乐云,钟鼓云乎哉?"⑥

宰我问:"三年之丧,期已久矣。君子三年不为礼,礼必坏;三年不为乐,乐必崩。旧谷既没,新谷既升,钻燧改火,期可已矣。"

子曰:"食夫稻,衣夫锦,于女安乎?"

曰:"安!"

"女安则为之。夫君子之居丧,食旨不甘,闻乐不乐,居处不安,故不为也。今女安,则为之。"

---

① 《论语·泰伯篇第八》第2章。
② 《论语·泰伯篇第八》第8章。
③ 《论语·宪问篇第十四》第44章。
④ 《论语·卫灵公篇第十五》第33章。
⑤ 《论语·卫灵公篇第十五》第17章。
⑥ 《论语·阳货篇第十七》第11章。

> 宰我出。子曰:"予之不仁也! 子生三年,然后免于父母之怀。夫三年之丧,天下之通丧也。予也有三年之爱于其父母乎?"①

上述引文可使我们对"礼"有一总括的理解。孔子的弟子有子对"礼"的解说也值得一读:

> 有子曰:"礼之用,和为贵。先王之道斯为美,小大由之。有所不行,知和而和,不以礼节之,亦不可行也。"②

---

① 《论语·阳货篇第七》第21章。
② 《论语·学而第一》第12章。

第七章 《诗》《礼》《乐》

世间最痛苦的事莫过于晚年丧子。孔子回到鲁国之后,退出政治生活,将精力集中在后代人身上。孔子受到诸侯国的尊敬,身边是一群天赋极高的弟子,其中大多数都由孔子亲自教育。对于孔子来说,这是一段平静福乐的圣贤时光。然而在孔子返回家乡的当年,他的大儿子就去世了。幸而孔子身边还有一个孙子,且后来成为了伟大的哲学家。这是第一个大损失。两年之后,孔子最心爱并期许最高的弟子颜渊也去世了,不间断的内中苦行拖垮了颜渊本就羸弱的身体,贫困的物质生活也是原因之一。这一损失对于孔子来说也许更大。翌年(公元前481年),孔子年龄最大的弟子子路在卫国内乱中被杀。子路的悲惨结局,孔子早有预感,当他听到卫国爆发内乱的消息时,就说子路可能因此牺牲,此话不幸言中!这又是一个很大损失。后人评价,因为颜渊,众弟子更加爱戴老师,并互相关爱;因为子路,胆大耿直的君子,任何诽谤和亵渎才未能损及老师。伤痛时刻,圣人悲哀不已。我们或许会问:圣人也会流泪吗?会的,孔子恸泣,或许如孩童一般地哭。孔子是作为有血有肉的人而被长久地传颂着的。

儒家之名望可比肩于任何古希腊哲学流派,且流布极广。或者更相近于古印度的阿施蓝(Ashram)。孔门在春秋教授《礼》和《乐》,冬夏教授《诗》和《书》。孔子不经常亲自讲授,而由弟子代授。孔门渐渐壮大至堪比官学的规模,或说更有过之,这端的是因为圣人孔子的缘由。孔子殁世后,儒家学派兴盛之势有增无减。

孔门所授"六艺"是六部经典。这些经典在孔子之前便存在了,孔子仅做了编订的工作。"今文经"学派有学者认为,六经皆始于孔子,这观点虽非完全正确,亦非完全无理。保存至今的六经(实为五经)经过孔子修订,但他的工作仅限于编辑和整理。孔子晚年的工作包括:

1)编订《诗》和《书》

2)编辑《礼》和《乐》

3)注释《易经》

4)修订《春秋》

六经中除《乐》佚失之外,其他五经一直流传至今,读者自可选读,在此不作详论。中华民族占世界人口三分之一,其两千五百年之历史即与此六部经典偕同并行。六经源于圣人爱人之心,具有无限且永恒之价值,中国文化之主体集聚于此,其所源出之本质值得我们深究。

触及中国经典时,问题颇为复杂。几乎所有儒家经典和大部分其他经典,都经历过严重毁坏,残缺不全。第一次毁坏发生在公元前213年,秦始皇焚书。除一部分医药、农业、园艺书籍和占卜之书以外,所有民间藏书都被政府收缴焚毁。虽然后果没有想象的那样糟糕,但这是对古代文化的致命一击。此为中国历史上第一次焚书,但政府藏书保存完好。真正的悲剧发生在公元前206年,秦朝都城咸阳陷落。刚刚落成六年,堪比世界奇迹的宏伟建筑阿房宫被夷为平地。叛军洗劫并烧毁咸阳宫殿之前,后为汉朝丞相的萧何搜查宫殿,取走地图和户籍。萧何太短视或因过于匆忙,并未顾及官府藏书。而后汉朝建立,国土重归和平,才又搜集古书,撰写新书之事。接着第二次毁坏发生在公元23年,第三次在公元190年,第四次在公元307—312年。除第四次多少是有意为之,其他两次都不似第一次计划周密。之后还有三次小的毁坏发生。①

我们见到,一个庞大民族的文化遗产历经多次毁坏和重建的循环。这不独发生在中国,欧洲迫害基督教时期曾经焚烧圣经,在印度曾经焚烧佛教书籍,公元642年哈里

---

① 历史证明,对特定书籍采取消极措施进行销毁基本是无效的,对系列书籍采取积极措施进行收集编撰却使许多书籍消亡了,如清王朝在18世纪编修《四库全书》时所采取的强权做法。

发奥玛下令摧毁了亚历山大图书馆。甚至在20世纪,希特勒烧毁书籍的行为算是这一古老做法的最后回响。书籍是人类知识最出色的保存地,然而只要人类的本质不变,无论多么有价值或有用的书籍,都永远无法逃脱永恒时间的宿命。如何避免历史灾难重演是人类所面临的一个重要问题。

古代农业社会,物质进步或革新缓慢,时间因素从未如今天一样显著,几百年可能悄然逝去。第一次焚书之后,不同派别的孔门教义传统被保存下来,没有太大变化。汉初,有旧时儒生能够背诵经典,凭记忆写出被焚毁的经典。这些经典以当时流行的文字书写,形成所谓"今文"经。公元前156—公元前143年,一次重大发现对中国文化历史产生了前所未有的影响。鲁国孔庙墙壁内发现大量古书,古书的年代距孔子时代不远,全部用"古文"书写。这些书籍所用文字已经不再使用,但仍然可以解读,许多古代典籍由此重新出现,并转写为"今文"。这些古书的内容与"今文"内容大体相符,亦有不同,如解读、注释和文章段落数量上的差别。也有部分文字完全无法解读,内容含混模糊,学者对此亦无能为力。儒家学者从此分为今文经学派和古文经学派,各自以为正宗。实际上,两派各有优缺点,两方争执不下,一直延续到今天,这也是很自然的事儿。

国外汉学家不必深究儒家学派之间的细微差别,因为准确翻译一部中国经典已经是极难的事儿了,而且还有很多著作没有翻译。但是大体的了解还是必要的。在今文经学派内部,依传统不同而有分别。以《论语》为例,《论语》并非六经之一,今文经学派的《论语》分为齐《论语》和鲁《论语》,是《论语》在齐国和鲁国的不同传承。除了内容上的微小差别之外,前者有 22 章,后者只有 20 章。根据可靠的记录①,今文经《论语》的另外一个版本有 100 章,汉代删去含混和重复的章节,简编为 30 章。另外一古文经《论语》在当时只有 21 章。古文经《论语》和齐《论语》都已佚失,我们现在读到的是鲁《论语》,属于今文经学派。我们仍能在汉代郑玄的注释中见到佚失版《论语》的片段,因为郑玄的注释引用了当时仍然存在的其他版本。原文或阐释中的一字之差常常引出理论上的重大分歧,文本越是神圣或权威,所得结论的差异就会越大,《论语》即是如此。

我们面临的问题比较复杂,必须先对经典有十分全面的了解,才能切实理解孔子修订经典的用意。我们需要了解学派之间的分歧,并且具备一些辨别文献真伪的知识,许多工作前人已经做过,许多结论现在已经成为定论。伪古书也有其价值,因为其中经常含有可用的历史资料,但是仍要视其为伪书。例如,现存有两本记录孔子言行的书,皆为公元三世纪的王肃伪造。其一是《孔子家语》10 卷,其二是《孔丛子》连同附录共 20 章,记录孔子及其弟子言行。儒学

---

① 汉代王充《论衡》中的记载。

研究可以参考这些书籍，但是不当以其为确实可信。伪书成因很多，且数量巨大，但伪书作者却不必受到过分的责难。另有《越绝书》，据称是孔子弟子子贡所作，实为汉代的袁康。

考虑以上因素，我认为最安全且最确实的方法是以经典解释经典，完全依靠除去所有注释的可信文本，本书所采用的正是这种方法。汉代注释为第二重要，如果没有汉代注释，许多文本完全无法解读。今文经与古文经的理论都应公正采用，两派观点各有所长。再附以丰富的古代文化历史知识，以及古代地理和哲学研究，便能够清晰地认识这一伟大教义系统的本来面目。进一步的研究可引向石刻，手写卷（如敦煌的发现），以及宋代印刷的书籍。就目前汉学研究的状况而言，对于国外汉学家来说，经典的注释以及对注释的注释，尤其唐代以后数量极多，可以不必投入太大的精力。

孔子晚年编订的四部书应当整体看待。宋代陆象山认为，孔子修书随心而发，没有过多的思量，事实可能确实如此。诗可歌，与乐相连，乐与礼相伴，舞蹈又在其内，诗、乐、礼的内容实为一体。《易》本质上是形而上学著作，《尚书》与《春秋》是历史。六经由此成书：《诗》、《书》、《易》、《礼》、《乐》和《春秋》。

我们先看这样一段话：

子曰:"吾自卫反鲁,然后乐正,《雅》、《颂》各得其所。"①

这是在说《诗经》。"雅"与"颂"是王宫或祖庙中举行仪式时所唱的歌,伴以音乐和舞蹈。"各得其所"指在正确的时间和正确的场合使用。《诗经》中的歌实际上都是具有很高文学性的诗。这些诗歌、礼仪和仪式,经由周公规范而成为优雅和精细的系统,并付诸实施,至东周逐渐式微。天子的权力也逐渐衰败,诸侯王们强大起来,旧系统最后崩溃了。我们可以在历史故事中清晰地看到这一变化。

公元前 635 年,晋文公平定王室内乱,将已经逃离国都的天子重新扶上王位。天子重赏晋文公,晋文公要求获得一项特权,这特权在今天看来有些特别,但在当时是十分严肃的事儿。晋文公请求准许自己死后在墓葬中修建隧道②,依照周礼,只有天子才能如此。天子十分礼貌地拒绝了这一请求,说道:

"王章也。未有代德而有二王,亦叔父之所恶也。"

---

① 《论语·子罕篇第九》第 14 章。
② 所谓隧道是指通往地下墓室的拱形通道。天子的棺椁硕重,可通过隧道轻松滑进墓室,封闭隧道后,用土填满至地面高度,只留一关闭的出口,状似城门。普通埋葬棺椁只是用绳索垂直放入墓室。

最终,天子赐给晋文公几块田地作为赏赐。(其时在鲁僖公25年,见《春秋左传》第5卷。)

孔子在世时,礼崩乐坏最甚。古代习俗发生了变化,古代礼节也逐渐消失了。王室权力的衰退伴随着礼乐的崩坏,互为因果。不仅在名义上的中央政府如此,在各诸侯国也如此。诸侯的特权也被等级更低的贵族僭越。我们可以读到孔子言说:

"八佾舞于庭,是可忍也,孰不可忍也?"①

依礼,只有天子才能使用八人方阵的舞蹈,公爵使用六人方阵,大夫使用四人方阵。天子的方阵每列有八个俊美的男童,堂内奏乐,庭外舞蹈。古礼系统规定了不同级别的贵族使用固定的礼仪,几乎生命中的所有事情,小至衣服配饰,礼服颜色,皆依等级而不同。因为鲁国是周公的封邑,所以只有鲁国可以使用天子的礼乐,这是周朝建立时给予鲁国的特殊恩惠。但是,鲁国大夫的权力再大,能大到在自己的祖庙里使用天子的礼仪么?

三家者,以《雍》彻。子曰:"'相维辟公,天子穆

---

① 《论语·八佾篇第三》第1章。

穆',奚取于三家之堂?"①

　　这两句诗出自《诗经·周颂·臣工之什》中的雍诗,是周成王献给周文王的诗,在祭奠结束时使用。这首诗显然与鲁公没有关系,更与鲁国大夫没有关系。从这些例子中,我们可以看出那个时代的基本状况,无知与傲慢僭越在贵族礼仪之上,失礼的行为竟被认作是传统,并以之为当然,却无人质疑。孔子提出疑问,却不能改变什么。为了寻求问题的根源,孔子着手整理诗歌,涵盖所有诵诗和赞词,将音乐和礼仪导向正轨。这不是激进的革命,却有转化之力,其效用在人群中逐渐彰显。孔子编《诗》,皆可歌之以乐。

　　　　子曰:"师挚之始。《关雎》之乱,洋洋乎盈耳哉!"②

　　《关雎》是情诗,为《诗经》之首。如前所述,孔子从三千多首古诗中选择了305首。孔子编订《诗经》时,或从一诗中删除一段,或从一段中删除一句,或从一句中删除一字。孔子曾说:

　　　　"《诗》三百,一言以蔽之,曰:'思无邪。'"③

---

① 《论语·八佾篇第三》第2章。
② 《论语·泰伯篇第八》第15章。
③ 《论语·为政篇第二》第2首。

孔子这样评价《关雎》：

"关雎乐而不淫，哀而不伤"①

如此，我们可以大致推想出孔子编订《诗经》的原则。孔子把《诗经》作为教科书使用，他似乎对于《诗经》的知识要求非常严格。我们可读到：

子曰："小子何莫学夫诗？诗，可以兴，可以观，可以群，可以怨。迩之事父，远之事君。多识于鸟兽草木之名。"②

子谓伯鱼曰："女为《周南》、《召南》矣乎？人而不为《周南》、《召南》，其犹正墙面而立也与！"③

《周南》与《召南》属于《诗经》第一卷。"正墙面而立"指无法向前走，就是说，无论一个人知道多少真理，如果不学《周南》、《召南》，便无法前进一步。关于《诗经》的应用，还可读到：

子曰："诵《诗》三百，授之以政，不达；使于四方，不

---

① 《论语·八佾篇第三》第20章。
② 《论语·阳货篇第十七》第9章。
③ 《论语·阳货篇第十七》第10章。

能专对;虽多,亦奚以为?"①

这是《诗经》的直接用处。精通《诗经》,除了可以培养委婉得体的修辞能力之外,还可以认识人的本质,熟谙礼节规范,知晓行动时机。但是《诗经》的主要目的还在于建立人格。深浸在这文化当中的人应当温柔敦厚,仁而爱人。作为一项特殊的教育,当综合的知识分疏出不同的枝系时,那么个人就只能精通一两部经典,于是乎在战国之后就形成了若干学派。②《诗经》内容庞大,含义深远,不能仅从表面来判断其价值。我们来看下面的对话:

> 子夏问曰:"'巧笑倩兮,美目盼兮,素以为绚兮'何谓也?"
> 子曰:"绘事后素。"
> 曰:"礼后乎?"
> 子曰:"起予者商也,始可与言《诗》已矣。"③

"巧笑倩兮,美目盼兮,素以为绚兮。"三句诗中的前两句出于《诗经·卫风·硕人》,第三句则只在此处出现。《左传》从《诗经》中引用诗句150多处,对诗句的理解和使用非

---

① 《论语·子路篇第十三》第6章。
② 参阅章学诚《文史通义》,此书对汉学家极有益处。
③ 《论语·八佾篇第三》第8章。

常微妙和精到。这并不同于将《诗经》作道德化理解,然而一首爱情诗不能只当爱情诗来解读,其含义通常是更加丰富的,对诗的正确的理解,在很大程度上是取决于诗的使用背景。正确的理解产生于诗句之中,同时又在诗句之外。总之,这算作是一门颇为高深的学问。

《诗经》在历史中几乎未尝发生过任何变化。因为其中的诗句被不断地传诵,不仅书写在竹片或丝绸上,同时也镌刻在人们的记忆中,从而幸免于历次书籍的劫难。今文《诗经》与古文《诗经》基本上没有任何区别。今文《诗经》分齐、鲁、韩三家,各有305首诗和独立的解释传统。三家诗在西汉列于学官,各设博士一名。三家诗都已亡佚,现只存《韩诗外传》[①],多记古事古语,引诗以证事,从中可见《诗经》应用范围之广,但《韩诗外传》并未对《诗经》内容作系统说明。古文《诗经》有311首,较今文经多6首,存于《毛诗传》中。《毛诗传》属古文经,书中所述的历史事实与《左传》符契,政治系统和文化组织与《周礼》相谐,注释与《尔雅》同然。《尔雅》是一部古代词典,编撰者可能是孔子的弟子,在汉代有较大的扩充和增补。

乐与诗关系密切,官学十分重视音乐教育,孔子对音乐也十分了解。我们有理由相信,中国曾存有丰富的音乐文

---

① 《韩诗外传》原本为六卷,公元11世纪佚失。现存十卷本似是后世不知名者编撰。

献。不幸的是，所有古代音乐文献都在书籍浩劫之中或之后毁坏了。除去司马迁《史记》中的《乐书》和班固《汉书》中的《礼乐志》，现存古代音乐文献只有《礼记》中的《乐记》一章，《吕览》中有六章（卷五·第2、3、4、5章；卷六·第2、3章），以及其他若干零星记录。佐证资料稀少，以至于有学者开始怀疑《乐经》是否真的存在。通常认为，古代音乐不作记录，只在学校内由乐师口头传授。乐师通常是盲人，听觉发达，不善书写。歌词保存在《诗经》中，应用记在《仪礼》中，原本没有《乐经》。

然而问题并非这么简单。如果原本只有五经，为何会出现"六经"的说法呢？"六经"一词首出《庄子》，或以为出现"六经"一词的那一章是伪作。但《礼记·经解》引用孔子之言："广博易良而不奢，则深于《乐》者也。"《经解》讨论六经，《乐》与其他五经并提。更不用说汉代司马迁在《太史公自序》中提到"六经"，并在《史记·乐书》中称"虽退正乐以诱世，作五章以刺时，犹莫之化。"班固依《史记》进一步说明，汉初乐师记录古乐，但不解其意。依今文经学者的观点，孔子书写的文字都应视为经典，那么《乐经》至少有五章。

问题至此仍未解决。如果《乐经》确实存在过，那么为什么我们在先秦古籍中找不到任何引述呢？如果《乐经》根本不存在，那么伪造《乐经》之名又是何意呢？汉代伏生作《尚书大传》，多零章断句，有一处引述《乐经》，但不足为确证。假定存在《乐经》一书,并非全无道理,其中应包括孔子所作五章,如大多数其他著作一样,其中讨论的应该是音乐的心理层面,即为大司乐在官学中之所教,大司乐在教授学生时想必也有原则和理论。然而《乐经》在战争中佚失了,也许逃过了秦朝的禁令或焚毁,因为秦始皇和秦二世都喜欢音乐,或以为音乐无害。这样一部以理论为内容的经典一旦佚失,就不可能像《诗经》一样经口述而恢复了。因为无论于古于今,音乐理论都是复杂且难于理解的。无论怎样,我们现在所说的六经实际只有五经。

礼乐相随,乐是和谐平等之物,礼亦如此,但更注重差别。孔子期许和平之治,以礼乐成就大和谐,万事万物各归其位,重现周朝初期文化之至美至华。然而在孔子之时,社会习俗已然变化,旧事物逐渐消逝。更有甚者,诸侯悄然毁掉了国内保存的古礼记录和文献,因为他们自己不能遵从这样的礼制了,即使不以之为多余或有害,也视之为不便。现存的《周礼》并非周公所作,实际成书应在公元前3世纪初,是若干学者用许多其他材料编写而成的,秦代焚书之后,于汉代重新发现。《周礼》在汉代未列学官。我们现在仍可见到"五经"之《仪礼》,共17章,今文经与古文经的内容几乎相同。孔子对于礼曾有过非常多的讨论和解释,由孔子弟子记录下来,之后发现共有131卷,加之汉代的发现共有214卷。后经戴德(大戴)删除重复和多余段落,整理为85卷《礼记》,现存40卷。另有戴德的侄子戴圣(小戴)

整理为49卷《礼记》,是现在最常使用的版本。因此《周礼》、《仪礼》和《礼记》(49卷)三部经典相互关联,任何研究工作都不可能只取其一。这三部经典被收入所谓"九经"或"十三经"。

三《礼》之中,小戴《礼记》最重要。小戴《礼记》详细记述古礼,古礼在三代的变化,古礼系统的哲学思想(多以孔子与同时代人对话的形式记载)以及孔子弟子之间的对话。在现代意义上,可称之为文化历史学著作。目前,几乎所有关于"五经"的学术研究都已经被前人完成,自以为有新的发现,其实前人多半早已涉猎过了。然而仍有许多工作可做。"吉、凶、军、宾、嘉"礼和细微繁复的礼节,都以人类的深层心理为根基,这方面的研究仍然未有太多的探讨。

让我们来想象这样一幅场景吧:在中国的大地上,一个寒冬的黎明前,宽大的庭院内燃起一堆篝火,四处燃着明亮的火把,成排的蜡烛和灯台照亮祭坛,并投向了黑暗中的一切。由贵重金石制成并绘满几何图案的祭器,犹显神秘。被宰杀献祭的各种动物,连同食物和醇酒陈列于前。不同等级的贵族和官员,身着华丽的深色礼服,或沉默伫立,或深深鞠躬,连同地面都装饰得十分斑驳。主祭高声引领整个仪式过程,反复诵读颂词,不断咏唱赞歌,器乐间隔奏起,舞蹈的男童身着制服,手持礼兵器。天子祭拜在上帝之侧的祖先,祭祀仪式延续若干时辰,在平静和谐的氛围中,依次抬出所有祭器。这庄严的景象与天主教的弥撒或世界上任何其他宗教仪式有什么不同吗？中华民族之魂确乎是在这一刻以其完备的荣耀之感和壮美之姿呈现而出，古代人民以此而文化，以此而转入人之神性境界。这亦即是周代礼制的真义。

第八章 《尚书》《春秋》

《书》是孔子为孔门历史教育所编撰的教材(自汉代起称《尚书》)。《尚书》原本只是古代历史、演说、讲词记录的汇编,保存在王都,诸侯国存有副本。鲁国与周天子关系亲近,所以庋藏最多。学者欲要从政,须熟悉历史,遂多有讲习《尚书》者。《尚书》最初只是零散资料,不成书,没有确定章节。孔子首编《尚书》,内容自尧帝至秦穆公,跨越1700多年。然而《尚书》作为教科书,其完整内容仍不可知。

六经中,古文经《尚书》与今文经《尚书》分歧为最大,牵涉问题最多,最复杂。伪古文经《尚书》有两部,其一出现于汉代,旋即佚失;其二有25篇,至今仍在。伪古文《尚书》作伪精良,1000多年间,虽有聪明学者不断质疑,但仍骗过了所有读者。伪古文《尚书》由不同的古代文献拼凑而成,内容多涉高上的道德理想,精心编补成书,极似真作。据称,孔安国的《尚书传》亦是伪作。

秦火焚书,儒生隐匿。汉初,年逾九旬的伏生凭记忆恢复了《尚书》。由伏生开启的《尚书》一派列于学官,其弟子欧阳高为博士。伏生一派与古文《尚书》一同勃兴了几代,直至第四次焚书事件,两者具亡。之后,上文提到的伪古文《尚书》以及伪《尚书孔氏传》出现。直至 18 世纪,真本《尚书》28 篇才被整理而出,并编辑有《伏生大传》,但仍有多半原文佚失。经过多代学者的艰苦努力,才得以拨去长久累积下来的层层废墟,见到这古代建筑的真姿。《尚书》是最难懂的文献,措辞和文风都很晦涩,无论古注还是新解,仍有需要我们做的工作。

以上所述即为《尚书》。本书第一章中提到孔子编订《春秋》,这工作也与《尚书》有关。《春秋》有三传,皆是真作。其一作者为左丘明,与孔子同时或稍后;其二为公羊高,其三为穀梁赤。关于这三位作者还有许多疑问没有解决,可以确定的是他们都生活在汉代以前,穀梁赤是子夏的弟子。不同文献对后两位作者的名字有不同的记载,但皆应是父子相袭的同一传统。《左传》首现于汉代,曾短暂地列于学官,后因找不到精通的学者而被废弃。有人提请《左传》列于学官时,曾引起宫廷学者之间的很大争执。其他两传属于今文经学,二者皆以阐述《春秋》微言大义而见长,《穀梁传》持论公正而显优,《公羊传》则略显偏颇。《左传》多记述历史事实,文风优雅富丽,后世优秀散文家多有追随者。孔子所编

《春秋》言辞简短,如果没有《左传》为之详述,则不可解处多有。如果没有其他两传,《春秋》中的大义可能也会因为同样的原因一直含混不明。所以《春秋》三传亦是一体,缺一不可。

《春秋》应归入经还是史,本书第一章并未给出结论。与其再次卷入争论,不如用现代视角看待这一问题,或更显公正。依古语,"经"是宇宙内超时间之道义准则,多为道德教训,依其可修身立人;"史"则是过去之成败教训,凭其可见社会之兴衰成败。宽泛地讲,一者有关事实,一者有关理论。中国的二十五或二十六史是文化政治史。五经或九经中包含形而上学、哲学和伦理学,十三经中还包含语言学。依章学诚之说,六经皆史。分析后可说,《春秋》亦经亦史:是一部历史经典;也是一部经典历史。这仍是模糊的结论,但舍此却无更好的说法了。

虽然《春秋》行文零散,但《春秋》三传却并不零散,可以不必顾虑文献问题。有关《春秋》的内容,仍然有许多问题没有解决,或是没有得到正确地对待。试举两例,为何孔子以公元前722年即隐公元年作为《春秋》的起始,以公元前481年出现麒麟作为《春秋》的结束呢?如果《春秋》是"断烂朝报",它的权威何在呢?

如前所述,司马迁在《史记·太史公自序》中清楚地说明了孔子修订《春秋》的真正用意。《春秋》虽然是一部经典历史,但在整体上是符合孔子的理想和中心原则的,孔子编订《礼》、《乐》、《诗》亦是如此。孔子晚年的工作可以分为几个部分,但其主要原则只有一个。《春秋》是史书编撰的永恒范本,司马迁也暗自效仿,虽然他并未承认这一点。依照中国传统,历史书写本身就是一种"创造",是圣人所为。即使孔子也不认为自己是在创制意义上的"创造者"或"作者"。他称自己是"述者"而非"作者","信而好古"①。换句话说,是保存者,而不是创新者。在东方世界,没有人称自己是圣人,或许只有狂人才会如此。司马迁在《太史公自序》中记述了自己与上大夫壶遂的对话,表明自己的工作仅仅是编订历史资料而已,没有任何"创造"。并且说明,"如果你将我的工作比之于《春秋》,那就错了。"设若我们相信司马迁的这句话,那我们也错了。可以这么想,如果司马迁无意追随孔子,为什么要讨论这个问题呢? 在司马迁所生活与服务的汉武帝时期,政治环境已然有所不同,但史官的权威仍如从前。司马迁这么说仅仅是出于谦逊,避免在嫉妒的君王面前显露出武断。他没有明确地说出自己的想法,只有在对话中稍稍作了暗示。这一对话并非完全出于杜撰,却也不必全然基于事实。我们对鲁隐公的生平继续进行深入的探讨,事情就会渐渐清晰起来。

我必须假设孔子不会随意选择何时作为《春秋》的开篇。《尚书》以尧帝开始,因为尧之前没有文字记录,只有不

---

① 《论语·述而篇第七》第1章。

能作为历史对待的传说。自伯禽封于鲁起,传十二代至鲁隐公之父。自鲁隐公起,至春秋时代结束再传十二代。对这么长的时间跨度作如此划分,必定有其原因所在。首先,在《春秋公羊传》中可见如下文字:

> 《春秋》为何始于隐公?所见异辞,所闻异辞,所传闻异辞。

这段文字暗示三世划分,但并没有说明原因,只是表明了历史材料的丰富性或者歧义性,也表明了《春秋》整理史料的必要性。我们不禁要问:三世怎样划分?孔子所处的时代为"亲见"之世?隐公之前已经不是所谓的"传闻"之世了?而且,"传闻"的又是哪些祖先呢?有一个武断的划分,以前五公为"传闻"之世,下四公为"亲闻"之世,最后三公为"亲见"之世。历史事实是否如此呢?《春秋》注释家都没能给出确定的答案。

公元三世纪末,《春秋左传》的注释家杜预给出另外一种解释,稍显可信:

> 周平王,东周之始王也;隐公,让国之贤君也。考乎其时则相接,言乎其位则列国,本乎其始则周公之祚胤也。若平王能祈天永命,绍开中兴;隐公能弘宣祖业,光启王室,则西周之美可寻,文武之迹不队。(《春秋左传

序》)

杜预的解释里有时间上的计算,平王在位起于公元前770年,终于公元前722年,同年鲁隐公摄政于鲁。这也合于孔子之意,依种种推断,似乎可信。但终究无法确定,我们只能视之为天才的推断。

《春秋穀梁传》没有讨论这个问题,但是对隐公的批评却是严厉的。"隐公可以让位千乘之国,但不能践行大道。"

后世有宋代学者认为《春秋》的起始并无深义。这种世代划分没有意义,有意义的是《春秋》所包含的义则。另有学者以为,孔子所能得到的历史材料以鲁隐公为最早,所以便以隐公为《春秋》之始,大胆而聪明的假设消解掉了这一难题。

我们现在考察一下隐公的生平。鲁隐公的母亲是鲁惠公的妃子,他的出生虽然合乎法度,但母亲一系却略显模糊。隐公为公子时曾率兵与郑国作战,被俘囚禁,贿赂守卫,得以逃回鲁国。惠公给他找了一个宋国女子为妻,可是当惠公发现这女子美貌过人时,竟将其纳为自己的妃子。这妃子后来生了一个儿子,被惠公提升为鲁夫人。不久,惠公去世,因太子年幼,国君之位一直空缺。鲁人商议决定由隐公摄政。《春秋》三传都没有记载隐公继位。

历史记载,隐公摄政第十一年时,公子翚向隐公献媚说:"百姓拥护您,您就正式立为国君吧。我请您允许我替您杀死太子允,您用我作国相。"隐公听后严肃地回答道:"先父有遗命,允年幼,我代替他执政。现在允长大了,我正在菟裘营建房屋,准备在那里终老,把政权交给子允。"公子翚被隐公拒绝,担心事情败露,转而向太子允献出同样的计策,太子应允。公子翚趁隐公斋戒备祭时将其杀害。太子允继位鲁君,是为桓公。

司马迁在《史记》中删去了故事的结尾,《春秋左传》中却有记述,公子翚派人包围隐公所在之处,彻底搜查并杀人若干,故事更显完整,历史真相也因此没有被淹没。

如此可见,隐公实为一悲剧式主角。隐公成长历程艰辛,几于囚死,侥幸逃脱。父亲不义,而隐公却谨遵父命,顺从履责。国君之位已经在手,他却不授,善以让位,却丢掉了性命。《春秋》为何没有记载隐公即位呢?因为隐公一直都想要让贤,故而从来就没有正式登上过君位。因此可以推断,孔子编订《春秋》以隐公为始,是因为赞许他的德行。杜预的判断是正确的,但是他的解说并不准确。杜预认为周朝会因此复兴强大等等,都过于夸张了,因为东周自平王起便开始衰败,外部蛮族威胁,内部冲突瓦解不断。期望隐公这样的国君能完成振兴周朝或延续和平的大业是不可能的。

《尚书》开篇赞颂年老的尧指定有德的舜作为自己的继承人,将帝位传给了他。舜帝也是这样做的,在历史中同样得到赞颂。司马迁在《太史公自序》中总结"世家",使用了二十一个"嘉"字。首嘉吴太伯,为世家第一。司马迁嘉赞太伯弃王权而让位。伯夷位于列传第一,也出于同一原因。① 以至后代,凡有新王即位,都会作正式的推辞。即使野心勃勃的英雄豪杰,或者冷血的篡位者,通常也要再三推辞,如此几番之后,才会行祭天之礼,宣布自己是新的君王。这说之为伪善亦无不可,但是我们却可在这形式中看到传统习俗的力量,没有人会像拿破仑一样,在加冕仪式中表现出那样的直截了当,冒昧地夺过了王冠。

阅读历史,无论是东方史还是西方史,我们会发现王宫是世界上最不幸的地方,是一切阴谋诡计、堕落和杀戮的温床。为权力、王位和宠信而进行的明争暗夺一天也没有停止过。任何明智的君王都会意识到达摩克利斯之剑时刻悬在自己头顶上。于是,放弃与生俱来的王权,在某种程度上说来也不失为明智之举。

在古代,这是不容易做到的选择,就如富豪很难放弃自己的财富一样。如果这德行并非出于恐惧、胆怯、儒弱或伪善,而是引导以正确的精神,应该值得我们赞许。朴素人性中总含有谦让、自我否定和自我牺牲的元素,对行为的影响可算巨大。即使在日常生活中,我们也能在礼貌的举止中见其踪影,这是野蛮社会与文明社会的分界线。如果这一德性发展至极,许多战争和冲突都可以避免,中国的二十五史或

---

① 有宋版《史记》以老子列传为第一;这是宋代因袭唐代的缘故,在唐代,老子与皇族同姓而倍受崇敬。《史记》原是以伯夷为列传第一。

许要重写了。这一定就是孔子编订《春秋》以隐公为始的微言。如果在《春秋》中寻找大义,那么,这就是第一个大义。

《春秋》以哀公十四年获麟结束,其时为孔子殁世前两年。于此,有许多迷信的解说。真实情况是,在鲁国西郊的一次狩猎中,捕获一只罕见的动物,已经受伤,没有人认识,于是被抬到孔子面前。孔子博识,认得这动物是麟。麟极少出现,消息在国人中传开,以为大事。以孔子明觉的心思判断,用新奇事件作为历史书写的结尾是很自然的事情,可能并无什么深意。有后世评注家认为,或出于孔子的悲伤或不祥之感云云,皆可不论。

关于《春秋》的权威性,可说的是,中国古代学者一直遵从《春秋》之义制定国家政策。基督教的《圣经》一直被视作个人和社会行为的指南。可能未曾有任何国家政策建立在《圣经》之上,而许多战争却因《圣经》教义而起,或至少以《圣经》教义之名而起。《春秋》无关个人行为,是国家治理的标指。每当人们在叛乱或革命中迷失方向,总会转向《春秋》,以《春秋》为准建立新王朝。《春秋》不似西彼拉(Sibylline),不能预测国家前途,却可以提供正确和适宜的行动、形式、规范和例证,供人遵循。新国君都要依赖《春秋》证明其即位的合法性。如果依据《春秋》的标准判定新国君是篡位者,不是合法或正当的君王,那么他就要做好准备,使用武力镇压因"大义"而起或受"大义"支撑的无休止的反抗。此类例证在历史上不胜枚举。

可以举一两个事例,说明基于《春秋》而制定的外交政策具有怎样的效用。公元前的若干世纪中,中国北部和西北部边疆从未有过长时间的安宁,为防御外敌遂有长城的修建。汉代发生过几次大的入侵,无数次战争之后,才将匈奴驱逐离境。公元前57年,匈奴内乱,部落之间相互争战。有人向汉廷建议,认为这是难得的机遇,可派兵一举将匈奴歼灭,以为永远消除边患。众人咨询当时有名的学者萧望之,他回答道:

> 《春秋》恶士匄帅师侵齐,闻齐侯卒,引师而还。
>
> 君子大其不伐丧,以为恩足以服孝子,谊足以动诸侯。
>
> 前单于慕化乡善称弟,遣使请求和亲,海内欣然,夷狄莫不闻。未终奉约,不幸为贼臣所杀,今而伐之,是乘乱而幸灾也,彼必奔走远遁。不以义动兵,恐劳而无功。
>
> 宜遣使者吊问,辅其微弱,救其灾患,四夷闻之,咸贵中国之仁义。如遂蒙恩得复其位,必称臣服从,此德之盛也。①

汉帝听从了萧望之的建议,派遣特使护送单于复位,匈奴内战终止,各部落重归和平。之后单于朝见汉帝,以王的

---

① 参见《汉书·萧望之传第四十八》。

身份受到接待,亦是萧望之的建议。

《春秋》中的几句话可以使千年之后的邻族免于灾害。历史总是在重复自己,同样的事情也发生在公元 1048 年的宋代,西夏国君李元昊死,留有幼子,朝政把持在三个将军手中。有人建议宋仁宗应分别授以三个将军官爵,使权力分散,西北边疆才会获得些许安宁。朝廷内部照例展开了一场争论,大臣程琳基于同样的原因,引据《春秋》中同样的内容,建议采取汉代对待匈奴的策略。仁宗采取了程琳的建议,并取得良好的效果。①

孔子的教诲即是如此,中国人在历史上亦是如此遵从。欧洲学者对此可能十分陌生,但这一切都是真实的历史,而非传说。

---

① 参见《欧阳修集》卷三十,墓志四。

第九章 《易经》

孔子编订的最后一部经典是《易经》。《易经》是中国儒家和道家的第一经典,可能也是东方的第一经典。孔子晚年非常喜欢读《易经》,经常翻阅,串联竹简的皮绳断了三次。自基督纪年起,每年至少出现一本列在《易经》名下的书。不计各种短文,有关《易经》的传、注、义、疏、释及论文现存已有两千多本。几乎每个名副其实的中国学者都读过《易经》,都写过或长或短讨论《易经》的文章。编撰学者文集,关于《易经》的文章一定列在首位,因为《易经》位列诸经之首。除学者之外,其他社会阶层的人也阅读《易经》。《易经》虽然关涉形而上学,但大多表以具体象形。政治家处理政务,军人指挥战役,医生治疗疾病,工匠建筑房屋、修建坟墓,瑜伽师修行、调理气息,武术家,算命先生,甚至书法家都从《易经》中得到启示,并以《易经》为基础创建理论。《易经》在本质上具有普遍性,与以往的所有知识分支都有关联,我们有必要详细地讨论一下《易经》,但篇幅不会太长。

从整体看,现存《易经》文本不算零散,但仍有残缺之处。《易经》主要使用于诸侯和君子,我们无法确知《易经》如何逃过了秦始皇焚书的劫难。汉初恢复经典,《易经》列于学官,田何为博士,再传约分为三支,皆属今文经学派。费直精通古文《易经》,自东汉起兴盛若干世纪。两派《易经》都可追溯至子夏①(其他派别亦如此),最终上溯至孔子。

《易经》十翼应为孔子所作,分别为《彖传》上、下,《象卦》上、下,《大传》上、下,《文言》,《说卦》,《序卦》和《杂卦》。

《隋书·经籍志》记载,《说卦》、《序卦》、《杂卦》晚出,遂怀疑并非孔子所作。至宋代欧阳修怀疑《大传》和《文言》皆非孔子所作。西汉称《大传》,至东汉称《系辞传》或《系辞》。《文言》、《系辞》大部分是儒者所作,以"子曰"开始的段落基本是后世学者所作的真实引言。因《易经》也用于预言,《杂卦》是智识的无名占卜师所作。②

近几年,西方读者通过译本对《易经》产生了一些兴趣,

---

① 这里有一个容易引起误解的问题:西汉学者韩婴字子夏,精通《诗经》,还教授《易经》。而另一子夏是孔子的弟子,名卜商。见《清史稿·列传二百六十八》。

② 《文言》非孔子所作最有说服力的证据是,《文言》解释乾卦的首段话与《左传》中穆姜所说相同,而其时早于孔子出生12年。而且很难证明这段话是后人窜入《左传》。

这值得我们花费一些篇幅，从中国传统视角，对这本书的某些方面做一些概括性的说明。德国汉学家卫礼贤（Richard Wilhelm）和英国卡利·白尼斯（Cary F. Baynes）的译本都非常好。通常而言，译文之完美都有其限度。语言终归是难以克服和逾越的障碍，书写方式完全不同的两种语言之间尤其如此，用圆木桩修补方形孔（圆凿方枘）是不可能完成的任务。一般来说，诗和韵文是无法翻译的。而《易经》兼含这两种文体，其中有很多对仗工整的韵文。对此只能忽略不计，这属于外部形式，对于我们来说，最重要的是内容。然而《易经》文本并没有完全确定的诠释。对《易经》的哲学研究，尤以清代学者为盛，他们在18世纪所作的工作几乎穷尽了这一领域中的一切可能，甚值得我们钦佩。《易经》的德文译本仅参考了朱熹（公元1130—1200年）的注释，朱熹的注释是用于科考的标准本。朱熹注释最明显的不足是他的模糊性。当然，诠释《易经》这样的古代神秘著作，模糊性的注释也许是最好的方法，可以给未来的研究留出空间，但这样便缺少学术性，也不是真正的科学方法。但是朱熹是一位深蕴经典的伟大学者，说他没有正确理解《易经》是不妥当的。德译本《易经》的遗憾，就是没有参考朱熹之后的成果。

清代学者在18世纪时，对《易经》的研究主要集中于训诂考据，这是我们现在要讨论的四个方面之一。关于《易经》的形而上学问题，先不做讨论。虽然《易经》本质上非常接近形而上学，但我们倾向于不以形而上学称之，以现代方法将《易经》整理为一系统化的哲学是非常不明智的做法。例如,亚里士多德代表希腊逻辑,乔荼波陀(Gaudapada)和其他论师(Shastris)代表印度逻辑,墨子和其他名家(现在已经消亡)代表中国逻辑,本质上彼此所论相同,但是形式不同,所以不能以其中之一系统规范其他系统,应当使其各自独立。《易经》也是如此,它的建构如此完整,内容如此复杂多元,向外扩展出如此多的分歧和对立,我们无法将其规范并纳入适应现代思维的新程式。我们可以全般接受《易经》,以其中的一切为当然,得出自己的结论,或者我们可以忽略它或全盘否定它。《易经》虽然源出于远古时代,但仍是具有生命力的知识,它拥有没有被现代知识体系破坏的独立程式。

中国的形而上学包括三部书,第一是《易经》,第二是《老子》,第三是《庄子》。以《易经》研究"有(Being)",以此为基础,进而通过其他两部书研究"非有(Non-Being)",这三部书可以使研究者完整地理解"有"与"非有"。完整地理解"有"与"非有"意味着圆成于"道","超上之有",或以现代语言表之为与上帝合一。这是一条通过心思之上层知觉性而进阶的精神修习之路。以此成就进而欲求解脱,只不过是顺带之事罢了。

追溯《易经》的历史,我们会发现这本书由四位作者完成,或者应当称之为四位伟大的思想者,在中国他们都被称为圣人。第一位是伏羲,最先制作八卦。三条横线上下放置组成一个经卦。横线可以是一条连贯的直线,也可以是两条不相连的短线,有八种组合的可能。两个经卦上下放置组成一个重卦,有六十四种组合的可能。有两种不同的说法:一种认为六十四卦也是伏羲所作[1];另一种认为伏羲只制作了八卦。第二位是文王,作卦辞。第三位是周公,作爻辞。第四位是孔子,作十翼。后三位人物的真实性是确定的,关于第一位人物,还有需要讨论的地方。除去周公,《易》也被称为三圣之书。

伏羲(也称庖牺)是传说中远古时期的部落英雄。我们无法确定伏羲是部族的名字,还是部族首领的名字。合理的推断是,在远古时期一个叫伏羲的人制作了八卦符号,又自然地演化为六十四卦。毫无疑问,八卦符号与古代文字的形成关系密切,因为有三个经卦与三个古代文字相同。进而我们还可以认为,经卦和重卦的简单构成意味着它们早于或同时于文字的使用。文字书写的发明不可能归因于某个人,比如传说中的仓颉,中国文字的多样性意味着它的形成一定有多个源头。即使在组织严整的现代社会中,任何人,无论他有多么大的权力,也不可能自己独自创造文字系统并推行至全社会。合理的解释是,仓颉将在当时已经流行使用的多种文字形制标准化,方便使用,传说才以此形成。经卦和重卦的形成也应是同样的过程。伏羲或文王将已经流行使用于

---

[1] 关于六十四卦的制作者,不同学派有四种不同看法。

远古时代的抽象符号或者文字标准化。在游牧或半游牧和半农业社会，"水在雷上，停留"（卦三），"水在山下，泉"（卦四），"水在天上，等待"（卦五），"水在天下，争冲"（卦六），"地在水上，师"（卦七），"水在地上，结合"（卦八）等等这些符号可能都具有实际的意义。这些符号刻在地上、树上或崖壁上，向路人指示特定信息。在一块贫瘠的土地上，"井"（卦四十八）这个符号可能指示着附近有井。"坎"（卦二十九）这个符号指示着附近有坑。"损"（卦四十一），"益"（卦四十二），"蹇"（卦三十九），"解"（卦四十），"归妹"（卦五十四），"家人"（卦三十七）等等符号可能具有社会意义，所有经卦和重卦的原初义都早于后世的神秘义。

随着语言文字的发展，这些符号渐渐不再使用。巫师将存留下来的符号系统做预测之用。还有另外两套早于《易经》的符号系统，都已佚失，只留下名字，内容都不可知。周文王首先注解《易经》，之后是周公，称为《周易》。

以上是有关《易经》于古代社会方面的讨论，重要与否不可知。如果我们相信人类的整体进化，相信人类社会的发展过程是从野蛮到文明，那么上文的看法就是正确的，后世的解说（《说卦》）可以看作是古代传统的余存。一旦这些在远古时代表示物质对象或属性的抽象符号不再有实际用处，仅仅成了巫师预言的工具，就需要重新解释符号的意义，巫师要对这些抽象符号进行合理的解释。古代圣人的文字被认为是神圣的，神圣的文字有着巨大的超自然力量，巫师可以从中得到启示。然而依据《易经》而得出的预言,我们无法理解其存在的理由(raison d'etre)。

世界著名的精神病学家荣格(C. G. Jung),在八十多岁时为《易经》英译本作序言,谈到自己应用《易经》的经验,认为因果概念是西方人的偏见。他说,"一个人越少思考《易经》的理论,他便睡地越好。"整篇序言都在努力说明,不能用现代西方思维强行规范古代东方思想。中国的古代学问并没有忽略因果性(causality),也没有十分重视,巧合(coincidence)同样也是不被注意的问题。他们只是确定地认为某种境况引起某个事件,而我们称之为偶然,但是该境况是不可知的。巧合可以用相对应的事件完全解释,后文会对这个问题进行详细地讨论。

同一事物在不同层面会表现出不同面相。《奥义书》中对"有之部分"的分割在中国汉代找到了对应。在中国历史上,与其说《易经》是一个哲学体系,不如说是共同的信仰。因果性在物理层面是有效的,但是在情命层面却并非十分有效,在心思层面就更加无效了。我们仍然承认因果性本身是自明的真理,在不同层度上显示出不同的有效性。摩西和埃及人的木棍能变成蛇,耶稣能把水变成酒,现代科学家无法解释这些事情,便称之为奇迹。如果有人认为这些事是真实的,我们就会以为他的脑袋可能出了问题,也许需要接受荣格教授的治疗了。当我们不去思考其他层度的事物时,就能够睡地更好。然而我们仍然可以假定在其他层度中存在着因果性,只是"面相"不同而已。

《易经》既不是记述奇迹的书,也不是伪装在神秘主义外衣下的一堆无意义的漂亮文字,也不是供迷信人士占卜用的预言集。如果真是如此,《易经》早就消亡了,因为一本欺世盗名的符号集不可能骗过知识界几千年。相反,关于《易经》的著作多如牛毛,历史上记载了无数《易经》对人事产生有益影响的例证。基本上没有人怀疑《易经》在四个方面上的权威性:第一是其文学性;第二是其形而上学;第三是其艺术性;第四是其神秘性。只有第三方面略显模糊,其他方面都很确定。这里引用《易经·系辞上传》中的一段话:

> 《易》有圣人之道四焉:以言者尚其辞,以动者尚其变,以制器者尚其象,以卜筮者尚其占。

作为一部诗和散文组成的文学作品,《易经》具有极高的价值和永恒的重要性。其中所包含的一些原则虽然缺乏科学佐证,却是可证的,或可称之为可证的信仰,而不是可证的真理。宇宙广大无边,超出人类思维心之所及,我们必须承认宇宙中不仅只有现代科学真理。我们通常以此为确定无疑,遂有必要略作阐释,为此目的必须转入形而上学。

依《易经》所论,宇宙由三个根本权能组成,即"天道,地道,人道。""天"即是"上帝",与"地"合,即为"自然","人"为两者间之一极。再进一步可引出这样的信仰,即人是天地之圆成,可影响天地,某种程度上说,人是宇宙之主。《易经·文言》中有这样一段话:"(夫大人者……)先天而天弗违,后天而奉天时。天且弗违,而况人乎!"

"先天"行而天不反对,是指征服自然,譬如开垦荒地,驯服野马,为生计而开发自然资源。奉天时指在正确的时机采取正确的行动,譬如种植应在春天而不是冬天。这些简单的道理不用太多解释,但是其中有微妙处需要我们注意,犹如圆心处的细微偏差扩展开来,其与圆周上点的距离会发生极大的变化。"人"认为自己是"天"、"地"两根本权能间的一极,是"天"、"地"之主宰,同时还知觉到自己弥漫于"天""地"之间,无处不在。以印度"大我"哲学最能理解这一点,新儒家对此也有十分清楚的表述。既然人内中具有神圣本性,就可以知觉到自己可以转化为神圣。人既然是天地间之一极,那么其自身就是一神圣存在。

西方传统信仰中,人敬畏上帝,上述信仰对于西方人来说可能极其荒谬。但是《创世记》中说,上帝以自己的形象创造了人,如果用寓言的方式解说,这不过是用另一种形式说出了同样的道理。如果人具有上帝的形象,那么人与上帝是相似的。"与上帝相似"这句话如果有任何意义,那一定意味着人可以成为上帝。这一思想实际上暗含在《创世记》中,为了免于误读,书写《创世记》的古代圣人明智地有所保留,因为《圣经》是写给全人类的,而不是仅仅写给一部分人。寻求上帝的努力一直存在于人类历史中,从埃及法老到希腊罗马世界,从印度天衣派教徒和瑜伽师到沙漠隐士和台柱圣徒,尽管大多近于荒谬,如装扮成传说中的阿波罗(Apollo)、赫拉克勒斯(Hercules)或伊西斯(Isis),或者索性以自己为神,接受崇拜,如战胜大流士之后的亚历山大,而这一切却表明了人类可以进至神圣、成为上帝的可能。中国人的境况也大体相似,只是在精神世界中更为纯净,没有如此狂热,也没有笼罩在祭坛上焚烧乳香或百牲的浓烟之下。

我们可以见到两种文化之间的差异愈加明显,距离也越来越大。中国人的心思从来都不是无神论的,但其信仰的中心仍然在"人"。因为"人"是宇宙的一极,他一直知觉自己在这个世界中的地位。当公正在社会中得以践行,他便满足了,然后将一切归于上帝。然而他的上帝在某种程度上仍在"人"域之内。若将这一思想推至极限,便可以知道,人以自己的形象创造了上帝,与《创世记》所述相反。以基督教的视角来看,这是异端的宗教或信仰,其中没有"原罪"概念,没有对神谴的恐惧,也没有对上帝的爱,没有对天堂的向往,也没有对地狱的憎恶。如前几章所述,这"爱"属于人自己,需要他践行并且完成。

这是通往中国人心灵的关键,依此方能正确理解《易经》。神圣圆成是在人的限度中完成的终极成就,历史告诉我们,神圣圆成是无限的。以人类活动表之,可引出希腊所谓的"大度(megalopsychia)"和"大方(megaloprepeia)",多见于古人及其成就中。这也可以解释为什么佛教较易进入中国,且不论佛陀与孔子的教诲中有许多相谐之处,因为佛教也强调人的自恃。基督教(包括犹太人的宗教)曾两次传入中国,两次都失败了,每次尝试都只持续了几十年,目前正在进行的这次传教活动是第三次,历时仍未足百年。基督教过于着重人格神和人格造物主及死后彼世的荣耀或原罪,很难从中国人那里得到积极的回应。虽然一个中国人经过一番努力和自我奋斗之后,最终也会无限谦卑地说:"我的神(天)啊,那将完成的是你的旨意,而不是我的。"

在《易经》中,经卦中间的一爻总是代表"人","天"在上,"地"在下,或者由重卦的中间两爻表示,即外卦最下一爻和内卦的最上一爻。他总是在中间或中心,处在一个平衡位置,在所有人类活动中起着重要作用。"中"与"和"作为哲学理论源于《中庸》,在音乐中得到最好体现,这会在后面的章节中讨论到(第14章)。

天与地关涉阴与阳。或可称为二元式一元论,中国人称之为道。阴阳消长为"易",如白天与黑夜,冷暖季节的相互交替,阴阳的"老""少"之分是相对晚起的程式,至今已有许多世纪。在宇宙的运动中,阴与阳可消可长,但不是"老"或"少",因为这两个阶段都是相对的,不确定的。其运动并非是无限的直线式进程,而是循环式的,一者至其极限时便转为自己的对面。领悟、统御和规范两者的是"善",完成两者的是"性"("一阴一阳谓之道,继之者善也,诚之者性也。"《易·系辞上传》)。虽然这仍是一宇宙原则,但表之以人类

层面,便是"仁者见之为之仁,智者见之谓之智,百姓日用而不知。"(《易·系辞下传》)

阴和阳在原初义上可指女性和男性。西方译文曾将"阳"译为"创造者(the Creative, Das Schoepferische)","阴"译为"接纳者(the Receptive, Das Empfangende)",这两个翻译都不够准确。依照古义,两者之一不能独自创生,只有两者结合才能创造。两者在潜能和量级上是相等的。朱子认为阳总是大于阴,这一说法并无根据,朱子如此论断或是因为他见到天在空间上比地大。"大""小"只能在彼此消长的意义上理解。《易经》之义原是在道德之上,伦理心思在孔子时代进入《易经》,"阴"遂下降至与恶相关了。阴阳在根本上表明性别平等,一者不能离开另一者。甚至在人体之内,无论男性还是女性,完好健康的躯体中阴阳必定是平衡的,缺少任何一方都会导致生命的终结。

接下来,我们讨论"易(变化)"这个概念。一般说来,赫拉克利特(公元前525—公元前475年)的哲学中有一种似是的真实,他认为宇宙处于不断的变化之中,其中没有任何事物是永恒的。他说"人不能两次踏入同一河流","一切源于一,一源于一切","神就是白天与黑夜,夏天与秋天,战争与和平,饱食与饥饿。"所有这些思想都可以从《易经》中得到,而且不会陷入玄虚的诡辩之中。同样的思想也出现在印度哲学中,我们不必追究这些思想出现时间的早晚或者是否曾互相影响。过分强调无常(Anitya)或自然的变化方面,会对生命产生消极的态度,在佛教尤其如此,佛法以无常为四法印(Uddanam)之首。而古代中国哲学中的"变化"理论在发展为思辨哲学之前,转向了"人"。"一切"在"变化"中,但是"变化"中有"太极","太极"即是赫拉克利特所说的"一"。"太极"之中产生出"两仪",即阴阳两种基本力量。宇宙中的所有运动都起于这两种力量的运动,扩张或收缩,前进或后退,吸引或排斥,上升或下降,永不停止。是二元,但也是一元。

另一方面,《易经》虽然强调变易,却从未忽略宇宙的静态真实。让我们再以人的视角来讨论这一问题。大乘佛教认为人是变化的"相续",别无他物,对人来说几乎没有任何静态可言。以实际用处言,这一理论有助于破除对自我的执着,因为明白了自己不是真实存在的个体,便可获得解脱。但是在中国的"道"中,人是一基本权能,是真实,可成圣成贤,为神性之人。在宗教维度上,这也是人的解脱。现象世界中的"变化"只是"道"的一面,而"道"自身作为变化的根基是不变的。《易经》从未教导过,宇宙中除了变化的相续,没有任何真实存在。所有经卦和重卦中,每一爻代表一种确定的条件,条件是可变的,而其状态是明确的,如"天"的位置在上,"地"在下。爻的位置和顺序不变。"刚柔相推而生变化。"[①]就是说,相对于确定性和明确性,变化是后天的。

---

① 《易经·系辞上传》。

变化不会随意发生,而是有其"理(logos)"在。总括来说,《约翰福音》中的第一段可作这"理"的最好注释。宋代新儒家的学问即是对这"理"的知识。而至上之理(the Supreme Logos)即是万物中之理。《易经·系辞上传》中可读到:

> 易简而天下之理得矣。天下之理得,而成位乎其中矣。

"易简"即"简易","易"有"变易"义,还有"简易"义。关于变易的形式,后世分有"交易","互易","反易","移易","对易"等等。但"变易"的正极义"不易",以及"不可易"义在"易"的原初义内。所以"易"有三明显义:一是变易,指多;二是不易,指稳定,稳固,也指不可易;三是简易,指简单。第三义实为一外部属性,可与第二义共同构成一实用的生命哲学,极有用处。任何行动,行以正确的方法和时间,以其不可易性来衡量,可至圆成。如果达至圆成,即无需再做调整,可不必再有变易,这定是相同于"神圣圆成"了。从根本上讲,这圆成应在宇宙中所有存在状态之理中寻,而不能只在外部现象中求,因后者总是在变化中。欲要应对生命中出现的各种危机状况和无尽的兴衰变迁,获得圆满的成功,关键在于掌握一原则或一原则之主要几点。化约繁多为一程式,即以不变应万变。其中有安宁和恒定,有简易和幸福。"简易之善配至德。"(《易经·系辞上传》)继续推论可至老子哲学,在这里不作讨论。

这篇简单的文字将近结束,室利·阿罗频多在《柏格森笔记》中的一段话可以引在这里作为有益的说明:

> 在我们的经验世界中,矛盾常是互补的,彼此依存的。变易的可能必有赖于可从其变易之状态;但是这一状态的存在仅是作为暂停的一步,变易之相继道路上的一步,或是变易在其创造的道路上转入另一步前所暂停的那一步。在这关系背后是二元的永恒状态与永恒运动,在这二元背后的东西既不是状态,也不是运动,而是包含两者为其两面者的——"它"可能就是真正的实在(Reality)。

中国学者称"它"为"理"。"阴阳不测谓之神"(《易经·系辞上传》),"理"存于两者之中,同时也超越两者,所以《系辞传》称之为"不测"。

第十章 《易经》(续)

在东方,乃至近时的西方,《易经》因其占卜之用,一直备受关注。人类对未来一无所知,可预知未来的知识,自然引起极大的关注和好奇。然而中国学者从未十分注重对任何事物的前识。《易经》的占卜有所不同(占卜亦只是《易经》圣人四道之一),仍在中国经典中占有尊贵的位置。孔子称"洁静精微,则深于《易》者也",缺点是"其失也,贼",这缺点是必须除去的。

西方人遇到大的疑惑或挫折,常在《圣经》中寻找文句作为指引。在东方,《易经》也有同样的功用,只是文句需要通过计算寻得。柏拉图在《斐多篇》中将这种预言归于"明智"之类,另有"狂喜"或"热烈"形式的预言。每个民族的历史上都有各种形式的预言、先知和神谕。不必说希腊罗马世界,苏格拉底和柏拉图这样伟大的心灵都相信神谕。神谕大多有关于未来,因为现在和过去或多或少都已知晓。祭司、术士或先知的神谕虽然都归于宗教,但似乎没有定律和相同的特征。古代印度的裸形者(Nirgranthas)将魔法程式画在地上。吉普赛人现在用扑克牌作预言,甚或应验,却没有写下任何基本原则,只依经验口耳相传,充斥着欺诈和骗局。《易经》则完全不同,有确定的原则,表之以一组符号,使用时需要经过确定的计算。《易经》有其独特的系统,若非神秘之故,或可称其为"科学"了。

《易经》用数字计算。以现代眼光看,数字和算术本身没有任何哲学可言,依附于数字的思想也十分武断和外在。黑格尔在《小逻辑》中说,"赋予各种数字和计算以重要意义不过是幼稚的消遣,而且还是智力不足的表征。"但是古代中国人认为数字内含价值。1 是阳数或奇数;2 是阴数或偶数。然而,1 不是一个数字。2 不是一个数字,因为它可以是 1 的正极或负极面。当已经有 1 时,"一与言为二。"①(《庄子》)孔子在《易大传》中也提到1"字"和1的"观念"不同。当有 1 和 2 时,自然出现 3。至此,我们见到第一个严格意义上的"完成之数"。5 包含一个主阳数 3 和一个主阴数 2。而且 5 在中间,5 之前是 1,2,3,4;5 之后是 6,7,8,9;5 被称为"数之祖"。洛水是黄河的支流,《洛书》出自洛水。《洛书》可能成于生活在洛水河畔的居民之手,5 在《洛书》中也居中。《洛书》的内容并不神奇,算得上是"幼稚的消遣"。然而"数之祖"5 与毕达哥

---

① 1 的"观念"和1"字"构成2。

拉斯理论中5为"婚姻"之数相合,或为主阴数与主阳数相合之故。如果以2和3为一对,1的第一个变化始于7,因为1加5是6,而7是2与5之和。(《列子》)9是数字的末尾,10再次为1。如果以阴阳二元组合数字,两者都有范限(也称为"老",即可能变为相反),于是主阳数3以9为极限,主阴数2以6为极限,皆乘以"完成之数"3。相乘表示成长至极处,乘以相等之数不仅表示潜能或能力上的相等,亦表示程度之相等。以现代语言表述,在这样一个相对二元的宇宙观中,阳可代表空间,阴可代表时间,在空间上9比7多或大,或"老",但在时间上8比6"少",因为在时间序列上8比6出现得晚。所以,重卦中的卦爻只用6和9两个数字表示,64重卦中,阴阳爻数相等,各为192爻。这既不是真正的哲学,也不是神秘主义,然而作为表征数字的方便之法,又两者兼而有之。

深入了解之后,我们会发现《易经》中实有一机械程序,不无满足智识好奇心的魅力。但其中没有哲学,也不存在任何程度的神秘主义。《易经》占卦,需要50根蓍草,使用时只用49根。古法用蓍草,用卵石或其他物件也可。49根蓍草随机分成两份,从右边一份中取出一根。然后以4根为一组分别数左右两份蓍草。结果可得:左边一份余下1根,或2根,或3根,或4根;右边一份对应余下3根,或2根,或1根,或4根。此为第一变。合两边余下的蓍草,加上最初取出的1根,总为5根或9根。9为双,因其中含有两个4根;5为单,因其中只有一个4根。将余下的蓍草放置一边,重新合并两份蓍草,再随机分为两份,重新数过。同样的过程重复三次。在第二变与第三变中,左边一份余下 1 根,或 2 根,或 3 根,或 4 根;右边一份余下 2 根,或 1 根,或 4 根,或 3 根。加上最初取出的 1 根,为 4 根或 8 根,4 为单,8 为双。三变成一爻。余下蓍草归总,只有四种可能:

a) 3 单 = 13 = 老阳
b) 2 单 1 双 = 17 = 少阳
c) 2 双 1 单 = 21 = 少阴
d) 3 双 = 25 = 老阴

如此重复十八次,从最下一爻向上排列至最上一爻,得一重卦。《易经》中该重卦下的文字即是所得占辞。老阴与老阳爻变化,还可以得出另一重卦,两个重卦下的文字皆为占辞。从这两个重卦中,还可得出两个经卦,第一个重卦中的第三爻至第五爻,第二个重卦中的第二爻至第四爻。这些都在考虑之内,可谓范围广大。

在中国,古时的单数和双数观念与现代不同。3 近似圆周率,被视为圆;4 的平方根是 2,被视为方。天圆地方并非物理之天为圆,地球为方,而是天地之道为"圆"(球形),为"方"(正立方体)。[①] 表之以现代语言,"天"或"精神"无所

---

① 参见《大戴礼记》。

不包,无所不在,自为一,故为球形。"地"表示物理自然,其多种多样的真理或物理法则为方,"人"亦在其中,无所逃遁。它好似直线,表面,边缘,因此为限制。在计算中,3 为全取,4 取其平方根。于是我们再次见到数字 6,7,8,9,如下表:

	余下蓍草数	数过的蓍草数
a)	3 单 = 3×3 = 9	36 = 4×9
b)	2 单 = 2×3 1 双 + 2 = 8	32 = 4×8
c)	2 双 = 2×2 1 单 + 3 = 7	28 = 4×7
d)	3 单 = 2×3 6	24 = 4×6

至此,我们不得不钦佩中国古人的聪慧才智,构造出这样的数字系统,以阴阳爻表现抽象数字符号化的两种力量的前进与后退,联合与分离等等。用简单至极的八卦系统表示宇宙中的所有变化,虽为不可能,然其用意如此,这又是一个加于一种方法之上的另一种更简单的数字表征方法。不幸的是,这种数学智识没有发展成为任何高等或科学数学。它停滞于原始的占卜工具。神谕和占卜高度繁荣,科学便不会兴盛了。

下面我们来讨论《易经》的使用。"《易》之兴也,其于中古乎? 作《易》者,其有忧患乎?"(《易经·系辞下传》)传统上,人们只有遇到疑惑时才使用《易经》。龟甲上的神谕一般用于询问外出打猎时是否会下雨,这是商代的习俗。"中古"是指起于周初的时代。这时已经不再询问简单粗鄙的问题了,只有重大时刻才会占卜。《易经》可以为行动提供正确的指导。我们经常在生活中遇到两难之境,需要做出选择。都坏或都好,我们无从选择,疑惑意味着至少有两种选择。当方向确定后,便不再需要咨询《易经》。《易经》中经常出现"吉""凶"二字。严格来讲,算命的性质与此完全不同,我们没理由相信,圣人和伟人们关心愚昧的命运会胜过关心正确的道路与行动。

另外,《易经》是君子或大人之书,而非小人之书。君子一词在《易经》第一卷中出现了58次,在第二卷中出现了47次,在《易大传》中出现了21次。可以想见,君子的询问通常会有不同的性质,至少他们并不十分关心个人的"吉"或"凶",答案中的同一个字可能在另一义度上被理解,不同于通常的解释。即便如此,世俗人仍然可以询问专业的占卜师,例如他或她在远方的爱人何时归来,家人的病是否能够痊愈。依照传统,可以向《易经》咨询这样的问题。只要占卜师对问题感兴趣,问询者心意诚恳,所得解答就很可能是真实的。这在很大程度上有赖于对待占卜的态度。

为琐事使用《易经》,也不算亵渎,甚至可以用《易经》作为娱乐。但是,精通此道并能准确预知的人会为此付出严重的代价。这似乎是宇宙中的一个机械法则:不可揭露未来之事。古希腊神话意味深长,发生在这块遥远的土地上的事情可以为相同的现象提供例证。拉奥孔预见木马诡计，正要说出，却当下被蛇缠死了。拉奥孔先知诡计，并非经由任何神秘或超自然的途径，然而即便如此，还是不能说出。由此可见，古希腊智慧表述出了相同的道理。占卜师、算命先生在中国社会中地位低下，名声最大、能力最强者常常死于非难，不得善终。我们或可怀疑这事实中是否含有真理，但无数经验表明其确实无疑。知晓未来者似乎只能是在上的全智者——上帝，任何企图从他手中夺取知识的人必受惩罚。若果有人因恩典而获得些许知晓未来的权能，当然是可能的（这与占卜师或有关，或无关），那情况自然就不同了。

即便如此，计算蓍草或卵石，为何与遥远的空间或时间之外的事情相关联呢？我们或可遗弃整个《易经》系统，以之为迷信，事实亦曾如此。大可让"君子"们去思虑，或让下层百姓为之操心好了。然而神秘主义者以为《易经》只是神秘的计算。这如何可能？在神秘之域为可能。理性主义者则一再斥之为迷信。我们可从历史角度客观地分析：如果《易经》可以被思维的心思解释清楚，那么一定早已被解释清楚了，《易经》也早已不再是一门艺术了。反之，如果思维的心思本就没有能力解释清楚《易经》，就不会出现众多解释《易经》的书籍，甚至《易经》本身也早已佚失了。然而《易经》这门深奥的学问穿越世世代代，公众从来不曾知晓其中的秘密。据说传授《易经》前，学生要向老师发誓保守秘密，只传给他们选定的下一代学生，不然会遭天谴。现代的神秘主义者认为，不能将神秘的知识传授给没有能力操控超自然权能的人，老师可能因此失去自己的权能。这几乎是同一道理的另一种说法。然而我们同样有理由认为，精通占卜术的人自己并不了解其中的道理，就像优秀的钢琴演奏者可能不一定那么通晓乐理或者钢琴的制造史和构造一样。他们依据特定的计算说出预言，结果必然是特定的，然而他们并不明白结果为何是这样或那样。

我们必须先接受许多事，才能理解占卜的理论或原则。对于明晰的思维心思来说，这不可能是科学的真理，只能是共同的信仰。这些信仰中可能有真理在，但无需全部人接受。首先，我们必须接受宇宙中存在"前定"。水在地上会流经确定的路径，到达确定的地点，在其流动的环境中，必定如此。这可类比于一个人的一生。某种程度上，过去决定现在，现在决定未来。因此，依据过去和现在预知未来并非完全不可能。我们必须接受，占卜进行的那一刻，问题的答案已经确定了。哲学家会将"前定"的源头溯至第一因，然而这里只有伟大的《易经》存于此一点。《易经》指引人们采取正确的行动和态度，不认为一切皆是宿命，不认为末日灾难是最终的命运。

还有一种推断，认为物理层之外存在一微妙层，未来将要发生的一切都已经在微妙层之中完成了，只是还未显现。人的意识通过某种方法能够投射或穿透至微妙层，预测未来并非不可能。许多先知曾经做到了，他们的预言都已应验。

我们不知道他们是如何做到的,而《易经》的方法是使用一组确定的符号。

《易》学传统认为,主要的问题并不是预见未来,而是弄清事物的根本或真实。我们必须改变通常的时间观念。在数学中,例如计算日月蚀,计算过去的日期和计算未来的日期在道理上是相同的。《易经》用符号表示生命的基本元素,放在不同的公式中决定结果,过去或未来皆如此。如果抛弃通常的时间观念,"未来记忆"在语言上并不矛盾,在推理上也不违逻辑。①

其次,我们必须承认宇宙中的万事万物为一有机整体,处在一平衡的和谐中。中国文化的有益之处或许正是在这里显示:人们被教导要谨言慎行,以防破坏宇宙的和谐。②依常识而言,任何"有害或损伤天地和谐"的粗语卑行都是有罪的,这是极严厉的责难。阴阳二元统一原则构成整个有机整体,如果阴阳各为独立的权能,两者之间互相变化,运动不止。如果行动和运动停止,便没有和谐可言了。任何现象的数据无论多么复杂多样,最终都由这两种力量规范。人类

---

① 此处有必要介绍室利·阿罗频多的定义:"可以认为,时间是行动中的知觉性工作在永恒中,空间是自我伸展中的意识。"(《夜谈》第98页)另一处:"时间自显为人类努力之敌人或朋友,抵抗,中介或一工具。但它实常为灵魂之工具。……对神圣者来说,为一工具。"(《瑜伽综合论》,第76页)

② 典型的例证就是在鸟兽繁殖的春季出去打猎。甚至死刑犯也只在平和的冬季择时处决。

存在于这两个原则的大和谐之中,却知觉不到它们的存在。

依此种观念,宇宙中的所有事物都彼此相联,我们的每一行为,无论多么微小,都会对其他人产生直接或间接的效果或影响,反之亦然。这一相互关系甚至在物理层面也是可以想象的。我走在花园中,一只苹果从树上掉下来,会对我发生影响,因为苹果掉下的那一刻,我所在氛围的内中条件改变了,或者说,其内中平衡改变了,也可以说是着力点发生了变化。世界上的任何事物在某种程度上都不是隔绝的,所有事物如果不是在严格意义上的相互依赖,也都是相互关联的。一般而言,在精神领域中,空间可以是另外的样子,空间中的距离异于通常。一件有益或有害的事物在物理层面发生之前,神秘主义者常常已经意识到了。这也是可以理解的,因为相互关联包括行动、运动或静止物体之间复杂的交互。比如音调的变化改变了共鸣,引进新种植物或昆虫改变了旧植物的命运。在这一大和谐中,力量的作用与反作用从未停止过,只是加入了人类的意志而已。如果其为觉悟的心灵,那便是神圣意志,因为觉悟的心灵与"他"的意志无异,觉悟者依此觉悟的心灵行事。占卜师不会认为自己是在此大和谐之外,提问者亦是如此,两者都是互相作用的力量,也与力量相互作用。他的职责实际上只是"知晓",但是"知晓"任何事已经是完成了的行为。他可以采取进一步行动,但是通常也是只告诉对方必要的知识。最终,我们会发现,人的命运是可以改变的。

至此，我们似乎是将一个假设建立在另一个的假设之上，好似空中城堡，没有坚实的理性基础。或许有人认为，《易经》是一个非理性的系统，事实并非如此，知觉性是其坚实的基础。提问者和占卜师之间的心理条件或心理氛围在占卜时最为重要。双方必须真诚，占卜师尤其不能用意，需要近乎机械地计数，勿使喜好或厌恶左右其心思。也就是说，心思混合体不能干扰占卜，高等知觉性须独自指出决而未显的答案。基本上只有高等知觉性在起作用，真诚即是要求心思全力集中于一点。剩下的过程仅是如何有效地解释《易经》占辞，这更多地有赖于占卜师的世俗经验和灵感。

一般说来，《易经》占卜总能得到不可思议的结果，而且未曾危害过社会或任何人。"艺术"需要天才，历朝历代都有精通此"艺术"的天才，成就惊人。我们可从"官史"中引述几个例子：

(晋)公子亲筮之，曰："尚有晋国。"得贞屯、悔豫，皆八也。筮史占之，皆曰："不吉。闭而不通，爻无为也。"

司空季子曰："吉。是在《周易》，皆利建侯。不有晋国，以辅王室，安能建侯？我命筮曰'尚有晋国'，筮告我曰'利建侯'，得国之务也，吉孰大焉！

震，车也。坎，水也。坤，土也。屯，厚也。豫，乐也。车班外内，顺以训之，泉原以资之，土厚而乐其实。

不有晋国,何以当之?"

震,雷也,车也。坎,劳也,水也,众也。主雷与车,而尚水与众。车有震,武也。众而顺,文也。文武具,厚之至也。

故曰《屯》。其繇曰:"元亨利贞,勿用有攸往,利建侯。"主震雷,长也,故曰元。众而顺,嘉也,故曰亨。内有震雷,故曰利贞。

车上水下,必伯。小事不济,壅也。故曰勿用有攸往,一夫之行也。众顺而有武威,故曰"利建侯"。

坤,母也。震,长男也。母老子强,故曰《豫》。其繇曰:"利建侯行师。"居乐、出威之谓也。

"是二者,得国之卦也。"①

占卜结果成真。

南蒯(鲁国大夫的家臣)之将叛也……枚筮之,遇《坤》之《比》,曰:"黄裳元吉。"以为大吉也,示子服惠伯,曰:"即欲有事,何如?"

惠伯曰:"吾尝学此矣,忠信之事则可,不然必败。

外强内温,忠也。和以率贞,信也②。故曰"黄裳元

---

① 见《国语·晋语》。三家分晋发生于基督纪年之前,不可与晋代混淆,晋代的历史后文会有提及。
② 这句话得自重卦"比",上卦为"坎(水)",下卦为"坤(地)"。

吉"。

黄,中之色也。① 裳,下之饰也。元,善之长也。中不忠,不得其色。下不共,不得其饰。事不善,不得其极。

外内倡和为忠,率事以信为共,供养三德为善,非此三者弗当。

且夫《易》,不可以占险,将何事也?且可饰乎?

中美能黄,上美为元,下美则裳,参成可筮。犹有阙也,筮虽吉,未也。"②

惠伯的话最终应验,南蒯叛乱失败。

如上述两例,汉之前还有许多有关占卜的记载。司马迁身为史官,想在自己的历史著作中保存人类活动的所有分支,《史记·龟策列传》专门记载占星师和占卜师。时至汉代,这门"艺术"似乎繁荣起来,支派甚多。据班固《前汉书》记载,传《易》者有十三家,但其中不都行占卜之事。阴阳哲学为其中一支,主要研究天人关系,与占星术相关。研究这一主题必得参考《前汉书·五行志》。汉代著名学者董仲舒、刘向、刘歆(刘向之子)都是天人关系信仰的极力鼓吹者,历史学家班固也深受其影响。然而《易经》占卜从来没

---

① 在古文献中,"黄"含义多为"吉"。
② 见《左传·昭公十二年》。

有像宗教一样神圣,受人膜拜。《易经》占卜常被视作游戏,汉武帝曾在宫中以《易经》取乐,猜测器皿中所藏之物。大学者东方朔(亦是备受喜爱的喜剧人物)每猜必中,一次是只蜥蜴,另一次是些蘑菇。人们不以《易经》为神奇,以之为寻常。《易经》并未引出科学发现,也未曾在中国人的思维中生出任何哲学系统。

范晔《后汉书》将从事此"艺"的人收为一卷(《后汉书·方术列传第二十七》),排在第一位的是任文公,最后一位是王和平。其中还有物理学家,魔术师,印度称为赫他瑜伽师,隐士或具超自然力者。这些人使用的"术"大多本于《易经》。

三国时期(公元220年至265年),此类奇人也有许多。陈寿《三国志·魏书》集奇人传记为一卷(卷二十九),其中有著名的占卜师管辂,记载详细。另有虞翻,所著《易经》注非常有名,《三国志·吴书》有虞翻的传记(卷五十七,吴书十二)。继这四部史书之后,历代官修史书中多有此类文字。若翻译成欧洲语言,供公众评判,非有若干书册不能尽收。

聪慧的读者在阅读历史时,不免怀疑此类记载多有杜撰的成分。历史书写有一准则,允许委婉的说辞,但绝不容忍造假,官修史书通常都遵循严格的规范。即便如此,仍不免些许不实之处。然而史籍记载中出现如此多的奇事和智者,不可能全为虚假。其中有一通则,此类智者多出现在最坏最不安稳的时代。他们受众人敬仰,占卜出的预言大多应验,这一技能成为一通常的"艺术"。下文录出一篇载于《晋书》（公元265—420年）的传记（卷九十五，列传第六十五），表明占卜术并非君子或贵族阶层独有：

> 隗炤，汝阴人也。善于《易》。临终，书版授其妻曰："吾亡后当大荒穷，虽尔慎莫卖宅也。却后五年春，当有诏使来顿此亭，姓龚，此人负吾金，即以此版往责之，勿违言也。"炤亡后，其家大困乏，欲卖宅，忆夫言辄止。期日，有龚使者止亭中，妻遂赍版往责之。使者执版惘然，不知所以。妻曰："夫临亡，手书版见命如此，不敢妄也。"使者沈吟良久而悟，谓曰："贤夫何善？"妻曰："夫善于《易》，而未会为人卜也。"使者曰："噫，可知矣！"乃命取蓍筮之，卦成，抚掌而叹曰："妙哉隗生！含明隐迹，可谓镜穷达而洞吉凶者也。"于是告炤妻曰："吾不相负金也，贤夫自有金耳，知亡后当暂穷，故藏金以待太平，所以不告儿妇者，恐金尽而困无已也。知吾善《易》，故书版以寄意耳。金有五百斤，盛以青瓮，覆以铜柈，埋在堂屋东头，去壁一丈，入地九尺。"妻还掘之，皆如卜焉。

第十一章　夫子赞

司马迁曾游历孔子故乡，称自己几难离去。其时在汉，已是孔子殁世后400余年了。他在《史记》中简略地记述了孔子殁世前几日的情形①，大略如下：

孔子病，子贡请见。孔子方负杖逍遥於门，曰："赐，汝来何其晚也？"孔子因叹，歌曰：

"太山坏乎！

梁柱摧乎！

哲人萎乎！"

因以涕下。谓子贡曰："天下无道久矣，莫能宗予。夏人殡於东阶，周人於西阶，殷人两柱间。昨暮予梦坐

---

① 参见《史记》卷四十七，《孔子世家第十七》。——译者注

奠两柱之间,予始殷人也。"后七日卒。孔子年七十三,以鲁哀公十六年四月已丑卒。(以现代历法计算,孔子终年74岁)

鲁哀公写了一篇祭文。

> 孔子葬鲁城北泗上,弟子皆服三年。三年心丧①毕,相诀而去,则哭,各复尽哀;或复留。唯子赣庐於冢上,凡六年,然后去。弟子及鲁人往从冢而家者百有馀室,因命曰孔里。鲁世世相传以岁时奉祠孔子冢,而诸儒亦讲礼乡饮大射於孔子冢。孔子冢大一顷。
>
> 故所居堂、弟子内,后世因庙,藏孔子衣冠琴车书,至于汉二百馀年不绝。高皇帝过鲁,以太牢祠焉。诸侯卿相至,常先谒然后从政。

司马迁的记述真实不妄。孔里经后世不断重建扩建,存留至今,访拜者每年数以千计。在亚洲,孔学传播广远,说汉语的地方便有孔子的影响存在。世人对孔子敬重有加,《孟子》中记载:

公孙丑与孟子对谈:

---

① 依古礼,弟子不必为老师服丧。三年之丧实为死后二十五个月,此处所提"心丧"起于孔子,因为弟子尊孔子如父。此礼于老师不似于父母一样为义务。

"宰我、子贡善为说辞,冉牛、闵子、颜渊善言德行,孔子兼之,曰:'我於辞命,则不能也。'然则夫子既圣矣乎?"

(孟子)曰:"恶!是何言也?昔者子贡问於孔子曰:'夫子圣矣乎?'孔子曰:'圣则吾不能,我学不厌,而教不倦也。'子贡曰:'学不厌,智也;教不倦,仁也。仁且智,夫子既圣矣乎。'夫圣,孔子不居,是何言也?"

(公孙丑)"昔者窃闻之:子夏、子游、子张皆有圣人之一体,冉牛、闵子、颜渊则具体而微。敢问所安?"

(孟子)曰:"姑舍是。"

(公孙丑)曰:"伯夷、伊尹何如?"

曰:"不同道。非其君不事,非其民不使;治则进,乱则退,伯夷也。何事非君,何使非民;治亦进,乱亦进,伊尹也。可以仕则仕,可以止则止,可以久则久,可以速则速,孔子也。皆古圣人也,吾未能有行焉。乃所愿,则学孔子也。"

(公孙丑)"伯夷、伊尹於孔子,若是班乎?"

(孟子)曰:"否!自有生民以来,未有孔子也。"

(公孙丑问)"然则有同与?"

曰:"有。得百里之地而君之,皆能以朝诸侯,有天下;行一不义,杀一不辜,而得天下,皆不为也。是则同。"

(公孙丑)曰:"敢问其所以异。"

曰:"宰我、子贡、有若,智足以知圣人,汙不至阿其所好。宰我曰:'以予观於夫子,贤於尧、舜远矣。'子贡曰:'见其礼而知其政,闻其乐而知其德,由百世之后,等百世之王,莫之能违也。自生民以来,未有夫子也。'有若曰:'岂惟民哉?麒麟之於走兽,凤凰之於飞鸟,泰山之於丘垤,河海之於行潦,类也。圣人之於民,亦类也。出於其类,拔乎其萃,自生民以来,未有盛於孔子也。'"①

另一处:

昔者孔子没,三年之外,门人治任将归,入揖於子贡,相乡而哭,皆失声,然后归。子贡反,筑室於场,独居三年,然后归。他日,子夏、子张、子游以有若似圣人,欲以所事孔子事之,强曾子。曾子曰:"不可,江、汉以濯之,秋阳以暴之,皓皓乎不可尚已。"②

孔子弟子以师礼侍奉有若之事,《史记》记载有所不同。有若比孔子小43岁,形貌与孔子相似。孔子弟子中有人以师礼侍奉有若。一次,弟子问有若:

---

① 《孟子·公孙丑上》。
② 《孟子·滕文公上》。

"昔夫子当行,使弟子持雨具,已而果雨。弟子问曰:'夫子何以知之?'夫子曰:'诗不云乎?"月离于毕,俾滂沱矣。"昨暮月不宿毕乎?'他日,月宿毕,竟不雨。"

商瞿年长无子,其母为取室。孔子使之齐,瞿母请之。孔子曰:"无忧,瞿年四十后当有五丈夫子。"已而果然。敢问夫子何以知此?

有若默然无以应。弟子起曰:"有子避之,此非子之座也!"①

古代圣人似乎有先知的能力,尤能预测天气,否则难成圣人。古史记载:

二十二年春,臧武仲(鲁国圣人)如晋,雨,过御叔。御叔在其邑,将饮酒,曰:"焉用圣人!我将饮酒而已,雨行,何以圣为?"穆叔闻之曰:"不可使也,而傲使人,国之蠹也。"令倍其赋(以惩其傲慢)。②

孔子引《诗经》作答,本是玩笑,只是弟子未懂。孔子的幽默总是以安适、满足和冷静的态度在生活中显现。孔子确有预知能力,只是不曾过多展露,也没有传给弟子。

---

① 《史记·仲尼弟子列传第七》。
② 《春秋左传·襄公二十二年》。

外部形貌的相似与内中相似毫无关系。孔子弟子三千，出类拔萃者是颜子，而非有若。颜子一生贫困，以他的天赋，本可服务于衰败中的鲁国，这在他不是难事。鲁国是颜子的祖国，用现在的话说，这是"救国"，但是他没有这样做。他也可以写出有益于他人的书，这在他也不是难事，他也没有这样做。他还可以收授弟子，但是他亦没有。即便如此，同门对他敬重仍仅次于孔子。读如下文字，可略知颜子言貌：

> 子谓子贡曰："女与回也孰愈？"
>
> 对曰："赐也何敢望回？回也闻一以知十，赐也闻一以知二。"
>
> 子曰："弗如也。吾与女弗知也。"[1]
>
> 哀公问："弟子孰为好学？"孔子对曰："有颜回者好学，不迁怒，不贰过。不幸短命死矣。今也则亡，未闻好学者也。"[2]
>
> 颜渊喟然叹曰："仰之弥高，钻之弥坚。瞻之在前，忽焉在后。夫子循循然善诱人，博我以文，约我以礼，欲罢不能。既竭吾才，如有所立卓尔，虽欲从之，末由也已。"[3]

---

[1] 《论语·公冶长第五》第8章。
[2] 《论语·雍也第六》第2章。
[3] 《论语·子罕第九》第10章。

子曰:"回也,非助我者也,于吾言无所不说。"①

颜渊死。子曰:"噫! 天丧予! 天丧予!"②

颜渊死,子哭之恸。从者曰:"子恸矣!"曰:"有恸乎? 非夫人之为恸而谁为?"③

颜渊死,门人欲厚葬之,子曰:"不可。"门人厚葬之。

子曰:"回也视予犹父也,予不得视犹子也。非我也,夫二三子也!"④

假使颜子死于孔子之后,孔子定会传衣钵于他,同门对有若的敬重便可适宜地施于颜子,这是十分合理的猜想。颜子会依随孔子的脚步,教示自己的弟子。孔门正统遂得以延续,或许体量略逊宽广,中国文化史定会生出别样美丽的花实。颜子是极具天赋的圣者——学为圣者必须有天赋,或以现代语言说,具有特殊的精神能力——一切世俗担当对他而言都不重要(例如供职于官府,收徒或著书等等)。只有孔子知晓颜子的内中成就。孔子恸哭不已,因为他失去了无可替代的传承者。《庄子》所记颜子言行真假难定,然而颜子确实为沉思与凝聚的教导提供了最好的诠释。与此同时,后

---

① 《论语·先进第十一》第3章。
② 《论语·先进第十一》第8章。
③ 《论语·先进第十一》第9章。
④ 《论语·先进第十一》第10章。

人依然重视并传授着克己和自制的原则。自宋代起,孔子被尊为"至圣",孟子为"亚圣",颜子为"复圣",正因其克己而复于礼。

如前所述,弟子服丧已毕,各自散去,前往诸侯国,或为官,或为师,其中以子夏最为长寿。公元前407年子夏去世时,正与魏文侯讨论古乐,终年101岁。六经主要经由子夏传授于后学。可以想见,孔子亲手修订的文字在其时代就极具重要性,逐渐形成以"子曰"开头的文献。印度佛教中冠以"如是我闻"的文字亦形成于佛陀涅槃之后。精神教义之洪流在传承中分为不同支流,是再自然不过的事了,然而却只能称之为哲学的支脉。其中一支以孔子弟子子游和孔子之孙子思为代表,传至孟子始至其极,以理性主义自立,仍以精神性为根本。另一支以子夏、曾子为代表,至荀子始至繁盛,现代学者认为近于经验主义。两支儒学奠定了宋代新儒家的根基,后者亦分两派,各自又再分,传承各异。后文会有详细论述。论述孔子文字至此为止,引《论语》作为结尾:

叔孙武叔语大夫于朝,曰:"子贡贤于仲尼。"

子服景伯以告子贡。子贡曰:"譬之宫墙,赐之墙也及肩,窥见室家之好。夫子之墙数仞,不得其门而入,不见宗庙之美,百官之富。得其门者或寡矣。夫子之云,不亦宜乎!"

叔孙武叔毁仲尼。子贡曰:"无以为也!仲尼不可毁也。他人之贤者,丘陵也,犹可逾也;仲尼,日月也,无得而逾焉。人虽欲自绝,其何伤于日月乎?多见其不知量也。"

陈子禽谓子贡曰:"子为恭也,仲尼岂贤于子乎?"

子贡曰:"君子一言以为知,一言以为不知,言不可不慎也!夫子之不可及也,犹天之不可阶而升也。夫子之得邦家者,所谓立之斯立,道之斯行,绥之斯来,动之斯和。其生也荣,其死也哀,如之何其可及也?"①

---

① 《论语·子张篇第十九》第22至25章。

第十二章　颜子和曾子

欲知晓儒学精义,必先了解孔子不断失败而又成就非凡的一生,以及彼时的政治环境,前文已略有记述。孔子的思想塑造了中华民族的命运,对中国历史有着巨大的影响。儒学代代相传,不断演进,孔门弟子着重各有不同,然而儒学大义历久不衰。如一宏伟建筑,总需修补扩建,才能免于老化与残破,但其基本形制从未改变,亦或不可改变。原初的大与美一直保持着,如同高耸的金字塔在沙漠中划破寥寂的地平线,宁静而且永恒。

孔门教义的演变牵涉几代弟子后学。孔子的生命是一整体,他的一言一行已成为后世的模范,弟子后学与之自然不及。后世之师多以言为教,孔子则以其全部生命有体为教。孔子弟子及其追随者皆能践行其原则,不去自相违背。

孔子殁世后,儒分八家。八家之儒同出一源,侧重有别。

关于这个问题,古文献记载略显零散,但足以研究之用。我们的讨论将只限于四位有影响深远的大儒。

第一位是"复圣"颜渊。我们对颜渊所知甚少,可靠的文字只能凑足一两页纸。除去已经引述过的文字,这里再作一些补充:

> 子曰:"贤哉回也!一箪食,一瓢饮,在陋巷,人不堪其忧,回也不改其乐。贤哉回也!"①
> 子曰:"语之而不惰者,其回也与。"②
> 子谓颜渊曰:"惜乎!吾见其进也,未见其止也!"③

颜子非常贫困,但一直很快乐。他愉悦在真理之中,有恒常之喜悦。宋代考试曾以"颜子所乐何事?"为题作文。时至今日,这仍是一个难答的题目。除非答者已经获得恒常的喜悦,否则很难作出恰当的答复。更难的是如何获得这恒常的喜悦。然而有一件事是确定无疑的,那就是即使没有教授过许多弟子,没有写过 101 卷书,没有做过 1001 次讲演,只要有真实的内中觉悟,也能在 2500 多年的历史中享有盛名。这觉悟犹如悦乐之酒,在这悦乐之中,财富和名望皆微不足道了。我们可问,如果弟子已经如此,老师则将如何呢?

---

① 《论语·雍也篇第六》第 9 章。
② 《论语·子罕篇第九》第 19 章。
③ 《论语·子罕篇第十九》第 20 章。

我们无法确定庄子或其他人是否真的受过颜子的影响，但他们所走的路经基本相同。无需过多的外部学习或书本知识，经过不断坚定的内中努力，个人可以逐渐获得某种程度的明悟，虽然最终的明悟仍需依靠恩典。书是一定要读的，然而有一个古老的问题：在我们的历史刚刚开始的尧舜时代，那时的圣人读什么书呢？颜子为后世学者开辟了一条道路：从外部来看，他具备完好的儒家德性；然而他内中，却是简朴至极的道家境界。似乎只要保持"与天地精神往来"（《庄子》），知识便可以自为显现。所有宗教的外部分别全部消失了。史家立传，将他们归于道家，还是归于儒家，是件不易抉择的事儿。

曾子是孔子的弟子。《论语》第一篇第四章就记录了曾子的话：

> 曾子曰："吾日三省吾身，为人谋不忠乎？与朋友交不信乎？传不习乎？"[1]

然而孔子认为曾子"鲁"。"鲁"是笨的礼貌说法，笨与愚同义。"鲁"能负重担，行远途。在日常生活中，聪明和机警通常会受到表扬。其实如果应用正确，"鲁"也值得称赞，因为"鲁"意味着坚持、集中和耐性。大多数有成就的人并非所有方面都优秀，过于聪明或机敏的人往往最终收获甚

---

[1] 《论语·学而篇第一》第4章。

少,或一无所获。其中原因可能是,机敏之人的神经能量很容易被强烈的反应耗尽。想要获得最后的成功,改变顽固自性(Nature)所需要的是大力,而不是快速。孔子认为曾子"鲁",然而曾子却成为圣人。

《论语》中涉及曾子的文字不多,除去上文所引,其他还有:

> 子曰:"不在其位,不谋其政。"曾子曰:"君子思不出其位。"①

曾子的话出自《易经》艮卦象传。是说心思能量应该导向正确的通道,不能浪费,这时常是每一位智识者都面临的难题。

> 子曰:"参乎!吾道一以贯之。"曾子曰:"唯。"
> 子出,门人问曰:"何谓也?"
> 曾子曰:"夫子之道,忠恕而已矣!"②

孔子对子贡也说过同样的话。曾子以"忠恕"理解孔子的"吾道一以贯之"。显然这只是曾子的解释。"一以贯之"

---

① 《论语·宪问篇第十四》第 27 章。
② 《论语·里仁篇第四》第 15 章。

义指整全的遍在，或遍在的统一。对于"一"的解释无法穷尽，通常意义上可以理解为个人有体的完整，言行合一。"恕"从负极角度讲，可理解为原谅别人对自己犯下的所有过错，以自己为尺度，不对他人做自己不喜欢的事。从正极角度讲，可理解为将爱和善扩展至他人，例如像爱自己父母一样爱所有老人，像爱自己孩子一样爱所有孩子。

孔子之道异常广大。对"一"的含义还可有其他解释。如果问颜渊同样的问题，他可能会给出不同的答案。但在日常生活中，忠恕二字足以指导个人的普通行为。严格讲，践行"忠恕"之道是一项艰巨的任务，尤其"恕"更是需要极大的仁爱。"道"广大且艰难。

关于曾子的文字还有：

> 曾子曰："以能问于不能，以多问于寡；有若无，实若虚，犯而不校，昔者吾友尝从事于斯矣。"

马融注释以为"吾友"一定是指颜子。《大戴礼记》中有一段文字也可提供佐证，曾子十分敬重颜子。

> 曾子曰："可以托六尺之孤，可以寄百里之命，临大节而不可夺也君子人与？君子人也！"[1]

---

[1] 《论语·泰伯篇第八》第6章。

曾子曰:"士不可以不弘毅,任重而道远。仁以为己任,不亦重乎?死而后已,不亦远乎?"①

曾子临终之言亦有教益:

曾子有疾,孟敬子问之。曾子言曰:"鸟之将死,其鸣也哀;人之将死,其言也善。君子所贵乎道者三:动容貌,斯远暴慢矣;正颜色,斯近信矣;出辞气,斯远鄙倍矣。笾豆之事,则有司存。"②

曾子有疾,召门弟子曰:"启予足!启予手!《诗》云:'战战兢兢,如临深渊,如履薄冰。'而今而后,吾知免夫!小子!"③

注释者对最后一段文字多有误解。曾子临终前把弟子叫到床边,嘱托他们,要在自己去后将他的四肢摆放整齐。古人殁世前应有男人在侧,因为女人时常无法理解男人的遗言,亦或伪造遗愿。有些学究式的注释家认为,曾子要弟子掀开被子,查看自己的手足是否受到损伤,这种解释并不准确。依儒家教义,物理身体得之于父母,应当仔细看护,任何损伤和疾病都会引起父母的伤痛。人们以

---

① 《论语·泰伯篇第八》第8章。
② 《论语·泰伯篇第八》第4章。
③ 《论语·泰伯篇第八》第3章。

此为"孝"。曾子所引《诗经》诗句是他对待生活的总体态度。

汉语中,称对父母的爱为"孝",这可能引起一些西方读者的误会。西方人与东方人一样爱自己的父母,但自古代起东方人对这个问题就有很深入的讨论。人类文化从根本上讲有两个来源:一是源于心,如情感,一是源于脑(mind),如理性。伟大的建筑,如泰姬陵,乃源于爱。伟大的工程,如大运河,是源于理性的成就。人类的所有建制都源于这两种主要的力量。爱本身是神圣的,在理性之上。如果爱在人的层度上错误地受制于理性,爱将会降为平庸之物,甚至会成为反面。在人中,爱的最基本形式是对父母的爱,尤其是对母亲的爱。其中有一内在的本能力量,如果导向正确,可成为巨大的权能。中国古代教育利用这一原初动力,成就了一系伟大的文化。无须说,正是同一动力产生了天主教的圣母马利亚崇拜和印度的"神圣母亲"崇拜。

曾子对"孝"了解最深。在深入讨论之前,先看一下曾子对"孝"的理解:

> 曾子曰:"吾闻诸夫子:人未有自致者也,必也亲丧乎!"[1]

---

[1] 《论语·子张篇第十九》第17章。

> 曾子曰："吾闻诸夫子,孟庄子之孝也,其他可能也;其不改父之臣,与父之政,是难能也。"①
>
> 曾子曰："慎终追远,民德归厚矣。"②

曾子的话要放到中国古代文化中来看,才能完全理解。中国古代社会以大家族居多,一家三代(也有五代,甚至七代)共同生活,类似小部落。这样的家族系统固然有很大的不足和缺点,暂且不论,也有很大的好处和优点。以现代眼光看,这样的家族是一种原子形态的社会主义公社,家族成员无论男女老少都为共同利益各尽所能。家族是一个大的经济体,为成员提供住处、饮食、衣服以及其他用品和设施,单独生活则无法获得这些资源。家族系统有自然的等级结构,年龄与辈分最长者在重大的决定中拥有最大的威信。如果家族状况良好,年长者能享受舒适的生活。这在现代社会中很难见到。家族的组织原则比较简单,即每个成员都应该孝顺自己的父母,仅此而已。

孝顺父母是指儿女应当履行自己的责任,不复杂也不为困难,只要做好几件事即可:第一,尊敬与顺从自己的父母,指出父母的不当时要委婉,父母年老体弱或者生病时,要尽心照顾。这是爱的自然结果,爱是最主要的本能力量。第

---

① 《论语·子张篇第十九》第18章。
② 《论语·学而篇第一》第8章。

二,要在成熟的年龄结婚——男人的成熟年龄是 30 岁,女人 20 岁——至少生一个儿子,以延续家族的血统。最后,父母去世后,必须守孝 25 个月,守孝期间要过纯净简朴的生活,最好停止一切奢侈的享乐,反省自己。这是非常明智的传统,个人在守孝期间有着足够的空间和时间,在悲伤和痛苦中回归自我。依照惯例,无论你正在从事多么重要的工作,甚至在军队或官府中(如正准备出征的将军或者正在进行重大决策的大臣),只要得知自己的父亲或母亲去世,就必须放弃工作,立即回家参加葬礼,建造坟墓。这是个人生命进程中的一大停顿,每个人一生中至少要遇到两次。个人因此有机会从纷繁的生活中退出,客观思考一下过去,并重新规划未来。25 个月跨度为三年,为父母守孝又称"三年之丧"。三年不短,但也不长。三年之后,每年只要依礼祭奠即可。

这一习俗的主要用意,在于将个人对父母的爱提升为伦理规范,以期塑造良好的人格。为了家族的利益,个体性会受到了些许抑制,但绝不同于现代极权国家忽略或抹杀个体性。在某种程度上,家族是社会的堡垒,如果家族培养出良好的成员,他在社会中就是良好的个体。这不同于古希腊,国家第一位,个人第二位。在中国,国家第二位,家族第一位。在家族中,个人仍然是第一位的。自中世纪起,对天子的忠诚变得同样重要了。不能在战场上勇敢作战,便被视为"不孝"。做优秀的公民会为父母带来荣耀,为了能够成为尽职的儿子,就要做优秀的公民。大家族因此得以稳固,大国亦因此保持稳定。

从心理上讲，家族的安乐并不完全取决于物质上的丰富，却更在于和谐，而和谐最易得于血亲之间。这一伦理原则超越了穷富，因为穷人从爱子那里得来的喜悦与富人是相同的。《孝经》记载孔子与曾子讨论如何用"孝"治理国家，探讨从君主到普通人的责任。孝的理论有其优点，恰好能弥补立法者无法解决的漏洞。文明社会无疑需要法治，但是无论多么完美的法律，总有缺点和不足。古喻将法律比作只能抓住小虫子的蜘蛛网。许多古代学者都有乌托邦的幻想，人们像大家庭一样居住在一起，只需要最基本的几条法律。

《孝经》有两个版本，古文经版有22章，今文经版只有18章。两个版本在汉代都有很好的注释。公元722年，唐玄宗亲自注释今文经版《孝经》，颁布天下，旧本《孝经》渐渐废弃。宋代朱熹勘定古文经版《孝经》，删掉222个字，将《孝经》分为经一章，传十四章。元代吴澄又以今文经版《孝经》为底本作《孝经章句》，分传一章，经十二章。唐代流行郑玄注《孝经》，著名历史学家刘知几和其他学者疑其为伪造，但现已佚失。奇怪的是，18世纪在日本发现另一版本郑玄注《孝经》，被以为是伪造。

另一部非常重要的儒家经典《大学》的作者是曾子。《大学》原是《礼记》中的一章，自宋代起独立成书，列为《四书》之一。《大学》中属于经的文字是孔子所教，曾子转述；属于传的文字有十章，是曾子解释孔子所教之言，由曾子弟子记录。《大学》有三个版本:古文经版,段落间似乎不相关联,内容实为有序;石刻版,段落顺序不同,但也有明显窜自《论语》的文字;标准版,宋代程颢(公元1032—1085年)和程颐(公元1033—1107年)勘定,朱熹注释。标准版问世后一直流行至今。新儒家大师王阳明(公元1442—1529年)也勘定过《大学》,与标准版微异。自宋代至今,学者对《大学》一直争论不休,对若干基本术语未达共识。《大学》经文只有207个字,传自孔子,如下:

大学之道,在明明德,在亲民,在止于至善。

知止而后有定,定而后能静,静而后能安,安而后能虑,虑而后能得。

物有本末,事有终始。知所先后,则近道矣。

古之欲明明德于天下者,先治其国。欲治其国者,先齐其家,欲齐其家者,先修其身。欲修其身者,先正其心。欲正其心者,先诚其意。欲诚其意者,先致其知。致知在格物。

物格而后知至,知至而后意诚,意诚而后心正,心正而后身修,身修而后家齐,家齐而后国治,国治而后天下平。

自天子以至于庶人,一是皆以修身为本。

其本乱而末治者否矣。其所厚者薄,而其所薄者厚,未之有也。

> 此谓知本,此谓知之至也。

我们可在其中见到几近于球形的儒学。通过培育完整的人格,扩充至全世界的和平之治,得出包含八个条目的实践哲学体系。我们可将这一体系视为八层球体,层层相套,犹如镂空的象牙球。个体之内有体位于最中心,向外发出照射的光,穿透心思、情命和身体,照在外部环境上,如家族、国家和天下。现代人或以为这不是实践哲学,因为个体与社会之间存有巨大的鸿沟,难以逾越。但是我们知道,个体与社会之间还有另一个纽带,即家族。如果将家族理解为上文所述的部落,那么这纽带便容易理解了。

问题的关键在于如何理解第一个条目"格物"。关于"格物"的解释至少有十八种之多。曾子没有解释"格物",原义已不可求。或许在古代,"格物"之义十分简单,无需解释。我们也无法确知"格物"的原初义是否如此丰富,以至有十八种解释。或许"格物"只有一义:"物"是指"事物","格"指"去除","量度","使某物来",或"到达",等等。

我们只讨论三种解释:第一义最古老,最权威;第二义最流行,传播最广;第三义是"去除"。第一义源自汉代经学家郑玄,"格"指"使来","物"指"事"或"物"。郑玄认为,如果一个人对善有深刻的认知,那么善的事物就会至于他,恶亦如此。这与孔子所论"吾欲仁,斯仁至矣"相合。依此同样可说"吾欲恶,斯恶至矣。"此义最古,不足之处在于,人必须在物至于己之前，具有善物或恶物的知识，与经文顺序相反。否则依据世俗经验，这是十分正确的。

第二义，朱熹释"格物"为"研究事物"。他的解释如下：

> 所谓致知在格物者，言欲致吾之知，在即物而穷其理也。盖人心之灵莫不有知，而天下之物莫不有理，惟于理有未穷，故其知有不尽也。是以《大学》始教，必使学者即凡有天下之物，莫不因其已知之理而益穷之，以求至乎其极。至于用力之久，而一旦豁然贯通焉，则众物之表里精粗无不到，而吾心之全体大用无不明矣。此谓物格，此谓知之至也。[1]

依现代眼光看，这段文字是科学与哲学的联合。不断研究事物可使人心思纯净、心灵净化吗？其中似乎没有心理学上的必然性，也没有逻辑上的连续性。事物的知识能否如朱熹所说，通过"今日格一物，明日格一物"而穷尽，也是值得怀疑的事儿。王阳明曾经依照此法"格"竹子。他将心思集中在竹子上，冥思苦想三天之后病倒了，终于放弃。

第三义源自宋代历史学家司马光。司马光认为"物"是指外部对象，所有可欲的东西，如音乐、女人和打猎等等。而"去除"这些东西，就是要在主观上去掉对这些东西的欲望。

---

[1] 朱熹《四书章句集注》，中华书局版，第6页。

即使想要获得普通知识,在某种程度上也要抑制情命欲望。这种解释仍是徘徊在心思层面的边缘。各大宗教都曾教诲人们,只有当接受者完全去除情命欲望时,真正的知识才会降临。此理古今皆然。

有相反观点认为,《大学》的教诲对象是邦国中的年轻学者,多是太子或是具有特殊才能的学生,不是隐士或僧人。当然我们也不难知道,这些人日后将掌握权力,年轻时就需要接受此种教育。东南亚亦有相同的观念,时至今日,贵族子弟都要出家为僧,过一段修行生活,然后还俗执政。古希腊神秘主义似乎也有类似的修行方式。无论如何,年轻的贵族子弟生活在奢侈的环境中,节制物欲是很不错的修行规范,待到日后执政时,民众与他们都会因此减少若干不必要的麻烦乃至危险。《大学》中没有任何严酷的训练或宗教戒律,教导年轻人去除物欲,是为获得知识。这是一条中庸之路,其中没有任何极端的措施,为了人格培育之故,情命体乃应受到精心地看护。

第十三章 子 思

《大戴礼记》与《小戴礼记》大量记载了孔子与曾子之间的对话,这些对话集成一书《曾子》。《曾子》在汉代有18篇,后有8篇佚失,现存10篇。著名注释家阮元(公元1764—1849年)曾为此书作注,但读者不多。

儒家还有一本几乎所有学者都读过的书《中庸》,这本书无论从哲学甚或心理训练角度看,都极具重要性。《中庸》原是《礼记》中的一篇,宋代独立成书,位列《四书》之一,编撰者是子思,主要记载孔子的言语。《中庸》西文译名甚多,*Juste Milieu*、*L'invariable Milieu*、*Medium constans vel sempiternum*、*The Constant Medium*、*The State of Equilibrium and Harmony*、*The Doctrine of the Mean* 等等。

"中"原指"射中目标",引申出"正确"之义。第二义如"中心"、"中间"皆出自第一义。"庸"义为"用"或"常"。

"中庸"指不偏于任何一侧,保持在中间,为常,即不变。恒常而不可变者为"道"或"真理"。表面义可说为"有关正确恒常之道的教义"。

对《中庸》的诸多理解中,有些虽不为错,然属不当。因此在正式讨论之前,很有必要做些澄清工作。常有人声称自己在生活中不走极端,走中间道路,以大众标准为量度。此类人努力使自己维持在平均水平上,不太好,也不太坏。然而这并不是中庸的真正含义。还有一种误解,认为中庸即是做一半,留一半,不坚持到最后,安于略微的不完美。艺术家常在艺术创作中故意搁置,读者或鉴赏者通过这未完成的部分,依想象力获得更高层次的完美,中庸亦不同于此。艺术中的不完美应当视为未表达出的完美,未完成的部分应视为已完成。如果中庸的教义是正确恒常之道,那么艺术之不完美也应属于"正确"。

在日常生活中,行事不走极端总是明智的选择。《易经》乾卦上九爻辞有言"亢龙,有悔"。行事极端会有厄运,最终耗尽自己。《易经·文言》说,"亢"是指一个人"知進而不知退,知存而不知亡,知得而不知丧。"于是才会"有悔"。但后文又说,"其惟圣人乎!知進退存亡而不失其正者,其惟圣人乎!"

同样显而易见的是,折中或妥协并不一定是正确的选择。有现代学者争辩,如果我们建造一座一万英尺高的大坝,必须要做到极端,一个蚂蚁洞都不能留下,不然水会渗透蚂蚁洞,渐渐扩张,最终摧毁整个大坝。这种情况下,我们必须做到完美,而不能让完美只存在于想象之中。因此问题就不再是是否要做到极致,而是以正确的方法,在正确的时间和正确的地方,做出正确的事情。这就是《中庸》的主题。

我必须再次强调,本书阐述问题的基本方法是"以经解经"。宋代大儒陆九渊声称"六经皆我注脚",我们毫不怀疑他说这话的胆量。那是对同时代繁琐解经方式的矫正,学者为无穷无尽、细如毫发的经典注释工作耗尽毕生精力,却所获甚少。然而陆九渊对待经典的态度也值得商榷。一个人必须首先在别处获得了觉悟,或者已经建立了自己的哲学,然后才能成功地以经典为注脚。事实上,有所觉悟的学者大有人在,却未曾直接道明这一点。大多数(如果不是全部)经典都是任人取用的资源,无尽且慷慨。强加虚妄之义或扭曲原义迁就一己,都是对待经典的不公之举。正确的阐释始终有限,牵强的解说和理论却无穷无尽。本书尝试搁置所有注释,直接面对经典。采用这种方法,则需要解说者对大部分经典已经有了妥当的理解,切入点相对较高,亦相对可靠。

《中庸》开篇写道:

> 天命之谓性,率性之谓道,修道之谓教。

这是儒家的正统教义,人的本性得之于天(或上帝)之授命,本性为纯善。人类得此本性之善,有责任扩充至极。

这一简明教义贯穿整个中国历史。毫无疑问,本性是指精神本性,人中之神性。《孟子》中也有类似文字。我们无法否认,人类本性可分为高等本性和低等本性,在印度哲学称为萨埵性,剌阇性和答摩性。除高等本性或萨埵性之外,其余都不必为善。在儒家,本性与习性相对。人的本性先天为善,但后天的习性可能为恶。战国时期的儒者荀子认为,人的本性为恶,善在人为,故人需要教化。汉代的杨子认为,人的本性是善与恶的复合。这三种理论只是对同一问题选择了不同的着眼点加以强调:最后一种理论仅是认为人类本性具有不同等级的善;第二种理论强调人类的低等本性,正统儒家称之为习性;第一种理论指向高等灵魂或君子的精神本性。中国古代教育几乎全部用力于对君子的培育。

"道"在西文中有时被译为"真理"。践行与真理相应之道,即是指发现、显现和培育此真理。《中庸》紧接上文写到:

道也者,不可须臾离也,可离非道也。

印度韦檀多学者读到这段文字可能会说,这与我们的"自我(Atman)"非常一致。这世界上除了"自我"与"大梵"之外,还有什么不能须臾离开的呢? 我们都是"彼",我们都在"彼"之中,我们怎么可能须臾离"彼",而须臾也是"彼"。道家也会认为,这"道"是完全相同的,不独为儒家所有。宋

明新儒家也会称之为"理"。觉悟者在一切之中见上帝,当如何表述上帝呢?他们同样会说,上帝不可须臾离。接下来《中庸》写道:

> 是故君子戒慎乎其所不睹,恐惧乎其所不闻。
> 莫见乎隐,莫显乎微,故君子慎其独也。

君子所不睹或所不闻者,是在上之"彼(That)","彼"超越我们的听觉和视觉感官,但是并不因此而隐或微。对"彼"的正确态度应是保持警觉和敏锐,怀以无声的崇敬,无时无刻不处于祈祷或沉思之中。当我们说"彼"时,似乎以其为非人,为中性,但是无论我们祈祷、冥想或沉思的对象是"彼"、"她"或"他",都无任何区别。同样,当我们说"在上"时,只是一种表述方式。传统上我们说"如其(他、她或他)在上,如其(他、她或他)在左右。"因此人在独处时,总是处于警醒状态,此"如"或"神圣存在"总是在场,人独处时不再是一个人。以此为背景,这段文字便不难理解了。这三段文字,是在讨论人所具有的神圣本性和上帝遍在,以及以奉献方式崇敬上帝的正确态度。

接下来的一段文字关涉心理学,讨论微观世界(人)的平衡与和谐,及其与宏观世界(宇宙)的相关和协调。

> 喜怒哀乐之未发,谓之中;发而皆中节,谓之和。中

也者,天下之大本也;和也者,天下之达道也。

致中和,天地位焉,万物育焉。

《中庸》第一章至此结束。后十章内容皆是引孔子之言解释第一章。第十二章为子思之言。之后八章内容杂有孔子之言和子思之言。第二十一章至第三十三章(末章)主要是子思之言,偶引孔子之言,多出自《诗经》。

值得我们注意的是,上段文字中同时提及"怒"、"哀"与"喜"、"乐"。似乎并不认为"怒"和"哀"是完全负面的情绪,需要去除。后世学者有称,孔子家儿不知骂,曾子家儿不知怒,这说法或为后出。这段文字中有一句或许需要做些说明,"发而皆中节"原义指"合于节拍",如在音乐中。即是说情感自然外发,合宜、适度或节制,而非疯狂的爆发。音乐合于节拍即是在正确的时间击打。不必完全去除愤怒和悲哀,有所节制即可;历史告诉我们,在某种程度上愤怒是健康的,正当的表露可以治愈某些疾病。悲伤总是有害的,但悲伤也可使人保持清醒,净化生命力的涌动,有助于成长。无论如何,对于一个人在精神道路上的成长,二者不可或缺。我们可从此看出儒家与佛教的细微差别,在佛教中,怒是三毒之一,需要完全去除。

儒家对"乐"的态度略有不同。据统计,"乐"字在《论语》中出现 45 次,而"苦"字一次也没有出现。孔子的弟子们曾经表述或经历过精神之乐。宋代学者曾以看似难解的语式说"乐此学,学此乐",或"学即学此,乐即乐此。"韦檀多学者会说"此"是"彼","乐"即是"梵悦(Brahmananda)"。真理在根本上一定相同,表之以不同系统,外部表征可能完全不同。"苦"经由佛教进入古代中国人的知觉性之中。这并不是说古代中国人比后人更快乐,而是中国人更注重生命中积极的一面,以其能增长生命之力,进至更大的悦乐和觉悟,然不注重以负极的趋向得涅槃求解脱。

"中"的心理状态并不容易获得。英文有"思维(mind)"和"心(heart)"的区别,在中文则是同一字。"中"原义指"安于中心"。那是一种清明或觉悟的状态,人在此状态中觉得"思维"与"心"安于其整体存在的中心,无法言表,纯净并充满光明。传统上将这一状态描述为"理"在此人内中之显现,这"理"很容易被误解为"理性(Reason)"。眼睛是灵魂之门,老师能通过眼睛敏锐地察觉到弟子的状态。我们通常说这种人的精神存在投向了前方,其他人能够毫无差错地辨识出这种精神状态。在这状态中没有激烈的情感和感觉的劳扰,喜、怒、哀、乐的涌动仅在表层游走。取而代之的只有更深沉,更平静,更安定的无限悦乐,可称为"阿难陀(Ananda)"。

"和"(或"和谐")指活动。必先有活动和外部表征,才能谈"和"。表之以音乐则很容易理解。音乐确然可以无声,但音乐本身以和谐为其灵魂。音乐没有和谐,便只是一聚无序的声音和音符而已,不再是音乐。即使只有一个音符,其与自身的一组震动也是和谐的,人的活动也是如此。高度发展的心思指导个体依照特定的原则行为,但其有体的其他部分或可跟随,或可不跟随,仍为自我矛盾或不和谐,整个有体就仍是不和谐的。一旦精神有体进至前方,情况就完全相反了。整个有体始为一真整体,可以自然而然地依照特定的原则行动,无需劳费许多心思力量。当精神有体退至后方,或失去所谓"中"时,常为模糊不清;然而这不清可以使其为清,正如太阳不会永蔽于乌云一样。人中之神圣性,至善之本性如此显露,以"和谐"称之最为恰当。正是在此处,室利·阿罗频多精神哲学与古代中国哲学几于完全相应。

和谐无处不在,在人中,亦在宇宙中。如老子所说,婴儿不停地啼哭一日而不至于沙哑,正因其中有超上之和谐在。如果个人至此中和,依此扩充至个人之外在环境,那么在上在下的一切都能得其正位,天地亦能得其所有。这不仅是一主观品能,而且径直是一客观影响。这一影响,无论为大为小,所施为远为近,皆有赖于其辐射中心的权能,及其显露程度。如果人本身不"中"或不"和",便不能控制外部境况,甚至难以存活。同样,若无此中和,我们无法想象任何有生命或无生命的物或非物能在这宇宙中存在。举一例,牛的叫声在我们听来可能为刺耳,然此声音在牛群中必为一和谐。这是一普遍真理。如果石头失其"中",就会无止境地向下落,直至再次落到某处,为静止。此进程始于一中心,一球形的中心,逐渐扩充自己,直至其影响伸展至所有方向。

《中庸》引孔子的几段话足以佐证这一原则：

> 仲尼曰："君子中庸，小人反中庸。君子之中庸也，君子而时中；小人之中庸也，小人而无忌惮也。
>
> 子曰："中庸其至矣乎！民鲜能久矣！"
>
> 子曰："人皆曰予知，驱而纳诸罟护陷阱之中，而莫之知辟也。人皆曰予知，择乎中庸而不能期月守也。"
>
> 子曰："回之为人也，择乎中庸，得一善，则拳拳服膺而弗失之矣。"
>
> 子曰："天下国家可均也，爵禄可辞也，白刃可蹈也，中庸不可能也。"

"中庸"是哲学问题。在古代中国，中庸完全规范在"礼"中，何时应作何事有十分详细的规定，依此行事即为"中"。子思对中庸的理解一定十分透彻，他的阐释独特且全面。他认为行事符合自己的位置、境况或环境，即为中庸。人可以安足在自己的命运之中，但又不盲目地顺从于命，最重要的是等待天命（或上帝之命）。人在其中坚定地依规范行事，为愉悦，且更为自制，返回自我。这在根底上是儒家，但是对灵魂怀有更为稳固的确定。我们可在《中庸》中读到：

> 君子素位而行，不显乎其外。

> 素富贵,行乎富贵;素贫贱,行乎贫贱;素夷狄,行乎夷狄;素患难,行乎患难;君子无入而不自得焉。
>
> 在上位不陵下,在下位不援上,正己而不求于人则无怨。上不怨天,下不尤人。
>
> 故君子居易以俟命,小人行险而徼幸。
>
> 子曰:"射有似乎君子;失诸正鹄,反求诸其身。"

这段文字对中庸的解释最为得当。射箭之喻是指以中"道"射中靶心。这与"中间"或平庸毫无关系。行事合于某人的位置,是指与普遍模式保持恒常的一致,其含义要远宽广于仅仅履行自己的职责,因为有些职责可能并非自天而命。君子当行之事是什么呢?《中庸》在后文中综括其为治理国家,因为君子学"尊贤","亲亲","柔远人"等等的原因和效果,即是为此而学。这些内容有关于政治哲学,在此不做详述。《中庸》对"诚"的阐述最为明晰,古代文字无有如此者。"诚"是人类文化(动词)的心理学基础。《中庸》有如下文字:

> 诚者,天之道也;诚之者,人之道也。诚者不勉而中,不思而得,从容中道,圣人也。诚之者,择善而固执之者也。
>
> 博学之,审问之,慎思之,明辨之,笃行之。
>
> 有弗学,学之弗能弗措也;有弗问,问之弗知弗措

也;有弗思,思之弗得弗措也;有弗辨,辨之弗明弗措也;有弗行,行之弗笃弗措也;人一能之己百之,人十能之己千之。

果能此道矣,虽愚必贤,虽柔必强。

自诚明,谓之性;自明诚,谓之教。诚则明矣,明则成矣。

诚者自成也,而道自道也。

诚者物之始终,不诚无物。是故君子诚之为贵。

诚者非自成己而已也,所以成物也。成己,仁也;成物,知也。性之德也,合外内之道也,故时措之宜也。

唯天下至诚,为能尽其性;能尽其性,则能尽人之性;能尽人之性,则能尽物之性;能尽物之性,则可以赞天地之化育;可以赞天地之化育,则可以与天地参矣。

其次致曲,曲能有诚,诚则形,形则著,著则明,明则动,动则变,变则化,为天下至诚焉为能化。

至诚之道,可以前知。国家将兴,必有祯祥;国家将亡,必有妖孽;见乎蓍龟,动乎四体。祸福将至:善,必先知之;不善,必先知之。故至诚如神。

故至诚无息。不息则久,久则征,征则悠远,悠远则博厚,博厚则高明。

博厚,所以载物也;高明,所以覆物也;悠久,所以成物也。

博厚配地,高明配天。悠久无疆。

> 如此者，不见而章，不动而变，无为而成。
>
> 唯天下至诚，为能经纶天下之大经，立天下之大本，知天地之化育。夫焉有所倚。
>
> 肫肫其仁！渊渊其渊！浩浩其天！
>
> 苟不固聪明圣知达天德者，其孰能知之？

《中庸》对"诚"的阐释简洁明了。开始即点明"诚"是宇宙万物存在的根基。"诚"在个体中达到极致时，此个体即为圣人，可转化事物。当下世界环境中，我们无法期望民族国家之间的外交关系中存在这种"诚"，然而这是解决冲突的唯一法门。某种程度上，"诚"时常也是存在的；"神圣母亲"曾不止一次地指出，"诚"是瑜伽之路上唯一的"救护"，是个体心理圆成的第一条件。这是多么正确的论断啊！东方西方，古代现代，教授着同一真理，这是何等令人惊奇。至于转化问题，"神圣母亲"还曾说："当你真的改变了，你周围的一切也就改变了。"①

---

① 参见《母亲的话》第三卷。

第十四章 孟　子

《中庸》余下的内容论及"人"或"君子"的最高成就,以及在地上建立神圣治域。自汉代起,传统上称之为连接天人的知识。这知识中没有对彼世或此世天堂的许诺,只有精神之治的理想立于后人之前。在组织完善的人群中,将和平、幸福、文化和转化带给一切有体。这理想就是"建诸天地而不悖,质诸鬼神而无疑,百世以俟圣人而不惑"①的道。相较于这种理想,后世高举的崇高价值,如一神论、英雄主义、慈善、博爱和人文主义等等,自然相形见绌。那王国不属于神,而属于神性之人,宇宙中最高上的转化有体。

《礼记·大同篇》对这理想有具体的描述,近时学者多有引用:

---

① 《中庸》第29章。

> 大道之行也,天下为公。选贤与能,讲信修睦,故人不独亲其亲,不独子其子,使老有所终,壮有所用,幼有所长,矜寡孤独废疾者,皆有所养。男有分,女有归。货,恶其弃于地也,不必藏于己;力,恶其不出于身也,不必为己。是故,谋闭而不兴,盗窃乱贼而不作,故外户而不闭,是谓大同。

这是所有人都曾梦想却无人能够许诺的乌托邦,相较于现世,那是一个充满欢乐的世界。只有以此为基础,人类文化才能繁荣,才会出现无数稀世的天才。如果人类忽视大同理想,那么,福祉就只关涉特殊阶层或选定的少数人群,而人类的救赎或社会的进步就只能是空谈了。人类同一是现代文明世界中所有人的期许。这出于现代思想吗?显然不是。基督降生前四百年,就已经有人这么构想了。问题是这理想可曾实现过?历史告诉我们,曾有"小康时代"部分地实现了这一理想,但仅限于某地或某国,区域或大或小,时间或长或短。若果有精神性人物存居于其中,他不必官职在身,也一定会有内外卓然的成就,影响至广至远。然而,"大同"却从未在整个民族中实现过。直至今日,这理想仍然只是理想,可谓广大,然却并非不可企及,仍属物理世界,终将实现于有限未来的某一刻,乃为一普遍真理的最终胜利。

子思之后,我们面对孟子。孟子在宋代列于颜子、曾子和子思之后,是第四位伟大的哲学家,被尊为"亚圣",仅低于孔子。欲了解孟子,仍须关注其所处的时代背景。

孔子殁世后,中国进入战国时代(公元前479—公元前246年)。曾经的北方强国晋国被三家大夫分割,亦曾是北方强国的齐国被田氏篡夺。南方的楚国吞并了汉水流域的所有小国,虽然仍是强国,却处于衰落之中,不得不联合其他国家一同抵抗刚刚兴起于西北的秦国。吴、越属大国,居于东南,相互征战不断,吴国终被越国吞灭。战国时代纷争不止,各国君主自立为王,被黑暗的政治家"游士"阶层摆弄于股掌之间。即便如此,战国时代是一个哲学家的时代,有"百家"之说。秦国以强力统一各国成为一大帝国。秦始皇(公元前246—公元前210年)因焚书坑儒在中国文化史上留下永久的污点,前文对此已有述及。

孟子是鲁国贵族孟孙氏的后裔,据称生于公元前371或372年,卒于公元前289年,正处于战国时代。刘向在《列女传》中曾记载孟子的母亲很有天赋,为了孩子的教育三次迁移住所,这是非常有名的故事。我们不能确定孟子是子思的学生,还是子思学生的学生。经现代计算,司马迁《史记》中的年代记录有相互矛盾之处,并不可靠。子思去世的年龄可能比传统记载的62岁要长20岁,然而孟子是他学生的学生的说法似乎更为合适。毫无疑问的是,孟子经由子思学派直接从孔子一系传统获得学识。

孟子一生的命运几乎与孔子相同。为了实现自己的高上理想,周游列国以求任用,欲行王者仁爱之路(Royal Path

of Peace），而非其时流行的霸主英雄之路（Heroic Path of Might）。然而与孔子不二,他毫无意外地也失败了。孟子去过齐国和魏国,多次与两国君主会晤,虽然他备受尊敬,却并不被留用。年老以后孟子与孔子一样别无选择,只能以哲学家的身份收授弟子,其言语被记录并保存下来。孟子还是伟大的数学家,从作品上看,他还精通语言学。

保存至今的《孟子》一书据称出自孟子的晚年,许多证据表明并非如此。最重要的证据是,《孟子》一书中多处以"子"称呼孟子弟子,而老师不会如此称呼学生。《孟子》第一篇《梁惠王上》,其中孟子称梁惠王为"王"十余次之多,然而惠王生前从未自称为"王",只是死后被尊称为"王"。如果《孟子》是孟子本人所著,则不会出现这样的纰漏。而且,齐宣王攻占燕国的事情,实际上发生在很多年之后。这一系列矛盾表明,《孟子》甚至并非孟子弟子所作,而是其弟子的弟子所作。

中国学者乃至现代学者都十分熟悉《孟子》,自宋代起被列入"四书",是初级学校的教科书,因此也为全国公共考试所用。《孟子》为散文体,文风朴实清晰,虽有几段文字文义不清,仍属易读。全书7卷,每卷分上下,共259章,35226字。公元前2世纪,赵岐在为《孟子》注释所作序言中,提到他所用的《孟子》为261章,共34685字。缺失3章可能因为分章不同,多出的字数可能源于文字篡入。他还提到在《孟子》7卷之外,还有4卷,通过文风和内容判断,定为伪作无疑,故他未为这4卷作注释,之后这4卷也佚失了。汉代著作中仍有各种引自《孟子》的零星文字,不见于今本《孟子》,但内容都不甚重要,这里不做讨论。

《孟子》主涉政治哲学。孟子的理想与孔子相同。其时诸侯凭借封地自立为王,一转而变为绝对独裁体制,自然相互争冲。依此情势,孟子提出王者仁爱之路。历史证明,就孟子所处的时代环境而言,这也是一条容易践行的路;"故事半古之人,功必倍之。"(《孟子·公孙丑上》)以现代眼光来看,孟子的学说极具民主色彩。这里只略引几段文字为例:

(孟子)曰:"国君进贤,如不得已,将使卑逾尊,疏逾戚,可不慎与?"

左右皆曰贤,未可也;诸大夫皆曰贤,未可也;国人皆曰贤,然后察之。见贤焉,然后用之。左右皆曰不可,勿听;诸大夫皆曰不可,勿听;国人皆曰不可,然后察之。见不可焉,然后去之。

左右皆曰可杀,勿听;诸大夫皆曰可杀,勿听;国人皆曰可杀,然后察之。见可杀焉,然后杀之。故曰国人杀之也。如此,然后可以为民父母。①

孟子曰:"民为贵,社稷次之,君为轻。"

孟子告齐宣王曰:"君之视臣如手足,则臣视君如腹

---

① 《孟子·梁惠王下》。

心;君之视臣如犬马,则臣视君如国人;君之视臣如土芥,则臣视君如寇雠。"①

依文字判断,孟子宣扬的是君主体制下的民主精神。然而学者最终为谁效力呢?当然不是诸侯或天子,甚至不是人民或国家——学者永远忠于并为之奉献自己的应该是"道(或真理)"。孟子达至自己信仰的道路,是神圣的天命或上帝之命,先于孟子的圣人开辟并践行在这宽广的大道之上,他坚信后世的圣人也会追随在同样的道路上。孔子不仅为自己的故土效力,而且周游列国,孟子亦如此。对于他们所掌握的真理,我们确信不疑,后世从未有人质疑过他们不忠或不爱国。相反,世人几乎将孔子和孟子的所有言行都视为准则。

儒学的中心原则是"仁"。"亚圣"所授亦是同样的内容,只是略有不同之处,还有另外一个与此神圣之爱紧密相连而次之的原则"义"。"义"原在儒学教义之内,但从未被特别注重,因其属于"礼"的范畴,属当然之事,后又含在"中庸"之内。前人从未像孟子一样这么突出地强调"义"。在传统意义上,两个原则构成一个十字形,"仁"是一条下降(或上升)的纵线,"义"是一条向两端伸展的横线。在精神之域中,下降的纵线内含宇宙自性(cosmic nature),个人有体与宇宙的极深处以此同一,即所谓"天地之心"。伸展的横

---

① 《孟子·离娄下》。

线处于人类层度,尤在心思之域。"义"指理性,但此理性并非纯为智识,而是内含以情命自性(emotional nature)掌握的实在。说到中国人的心思,其从古至今都不独是一逻辑家或法家的格局,而是多属儒家的心思,即为人文主义者。"义"的提出使儒学更加完整、完美,滋长繁盛,所得的赞颂亦为不虚。此有如丝之经经纬纬,方可纺为绸了。

今人以"义"为一道德价值,我们须了解孟子如何理解"义"。在孟子的阐述中,"义"与其时的另一个原则"利"直接相对。孟子与梁惠王第一次会面时,就对这两个原则作了明确的阐述,见《孟子》开篇:

> 孟子见梁惠王。
>
> 王曰:"叟!不远千里而来,亦将有以利吾国乎?"
>
> 孟子对曰:"王!何必曰利?亦有仁义而已矣。"
>
> "王曰:'何以利吾国?'大夫曰:'何以利吾家?'士庶人曰:'何以利吾身?'上下交征利而国危矣。万乘之国,弑其君者,必千乘之家;千乘之国,弑其君者,必百乘之家。万取千焉,千取百焉,不为不多矣。苟为后义而先利,不夺不餍。"
>
> "未有仁而遗其亲者也,未有义而后其君者也。王亦曰:仁义而已矣,何必曰利?"[①]

---

① 《孟子·梁惠王上》。

汉代著名学者王充认为,"利"通常被理解为"货财之利",然而"利"还可指"安吉之利",梁惠王所指或为后者,为自己的国家求"安吉之利"并无不妥之处。然而孟子所重在"仁""义"原则,物质之"货财之利"或"安吉之利"不在他的考虑范围之内。我们还可读到:

"仁,人之安宅也;义,人之正路也。"

"旷安宅而弗居,舍正路而不由,哀哉!"①

"仁,人心也;义,人路也。"

"舍其路而弗由,放其心而不知求。"

"哀哉!人有鸡犬放,则知求之;有放心而不知求。"

"学问之道无他,求其放心而已矣。"②

宋牼将之楚,孟子遇於石丘。

(孟子)曰:"先生将何之?"

曰:"吾闻秦、楚构兵,我将见楚王说而罢之。楚王不悦,我将见秦王说而罢之。二王我将有所遇焉。"

(孟子)曰:"牼也请无问其详,愿闻其指。说之将何如?"

曰:"我将言其不利也。"

---

① 《孟子·离娄上》。
② 《孟子·告子上》。

(孟子)曰:"先生之志则大矣,先生之号则不可。"

"先生以利说秦、楚之王,秦、楚之王悦於利,以罢三军之师,是三军之士乐罢而悦於利也。为人臣者怀利以事其君,为人子者怀利以事其父,为人弟者怀利以事其兄,是君臣、父子、兄弟终去仁义,怀利以相接,然而不亡者,未之有也。先生以仁义说秦、楚之王,秦、楚之王悦於仁义,而罢三军之师,是三军之士乐罢而悦於仁义也。为人臣者怀仁义以事其君,为人子者怀仁义以事其父,为人弟者怀仁义以事其兄,是君臣、父子、兄弟去利,怀仁义以相接也,然而不王者,未之有也。何必曰利?"①

宋牼是战国时期的著名哲学家,或年长于孟子。孟子以"先生"称呼宋牼是表尊敬,这在《孟子》中并不常见。以现代眼光视之,宋牼是一和平主义者,《庄子》最后一章中简略叙述了他的学说。宋牼以现实主义原则劝说秦楚二王,说明两国可能会面临的物质损失和破坏等等,即为"无利"。孟子所论则是一永恒真理,更为理想主义,是一"迂回路线",因不切实际,君主遂不欣赏。欲向军阀们传播和平福音,以实用精神说服他们或许是最好的方法,告之以将遭受的损失和毁坏等等。而孟子不是一纯粹的和平主义者。即使对于普通价值,他也有不同的看法。如下:

---

① 《孟子·告子下》。

> 孟子曰:"今之事君者皆曰:'我能为君辟土地,充府库。'今之所谓良臣,古之所谓民贼也。君不乡道,不志於仁,而求富之,是富桀也。"
>
> "'我能为君约与国,战必克。'今之所谓良臣,古之所谓民贼也。君不乡道,不志於仁,而求为之强战,是辅桀也。"
>
> "由今之道,无变今之俗,虽与之天下,不能一朝居也。"①

如果我们极其严肃地对待这些古代观念,一切价值都将被重估。另如下:

> 孟子曰:"有人曰:'我善为陈,我善为战。'大罪也。"
>
> "国君好仁,天下无敌焉。……"②
>
> 孟子曰:"求也为季氏宰,无能改於其德,而赋粟倍他日。孔子曰:'求非我徒也,小子鸣鼓而攻之可也。'"
>
> "由此观之,君不行仁政而富之,皆弃於孔子者也,况於为之强战?争地以战,杀人盈野;争城以战,杀人盈

---

① 《孟子·告子下》。
② 《孟子·尽心下》。

城,此所谓率土地而食人肉,罪不容於死。"

"故善战者服上刑,连诸侯者次之,辟草莱、任土地者次之。"①

如上思想即是孟子对孔子教义的理解和发展。相较于同时代的其他学派,孟子思想虽然激进,却也多与流行的观点相抵牾。孟子思想中包含极鲜明的道理,经时间和历史事实证明确定无疑。孟子思想有不可忽视的影响,在某种程度上可以解释:为什么中国人作为一个民族一直是和平的、不好战争的。

依此思考序列,好政府应由好人组成,但最终还是要依赖于君主自身。故曰"徒善不足以为政,徒法不能以自行。"②

"是以惟仁者宜在高位。不仁而在高位,是播其恶於众也。"

"上无道揆也③,下无法守也,朝不信道,工不信度,君子犯义,小人犯刑,国之所存者幸也。"

"故曰:'城郭不完,兵甲不多,非国之灾也;田野不

---

① 《孟子·离娄上》第4章。
② 《孟子·离娄上》第1章。
③ 《哈佛经典》据赵岐的注释将此句译为"当君主没有(真理)之准则,据以量度(天意)的时。"赵岐的诠释是得当的。理雅各将此句译为"当君主没有准则,据以审度自己的执政措施时。"

辟,货财不聚,非国之害也。'上无礼,下无学,贼民兴,丧无日矣。"①

孟子曰:"人不足与適也,政不足与间也。唯大人为能格君心之非。君仁,莫不仁;君义,莫不义;君正,莫不正。一正君而国定矣。"②

孟子对春秋时期的历史有如下评价:

孟子曰:"五霸者,三王③之罪人也。今之诸侯,五霸④之罪人也。今之大夫,今之诸侯之罪人也。"

"天子適诸侯曰巡狩,诸侯朝於天子曰述职。春省耕而补不足,秋省敛而助不给。入其疆,土地辟,田野治,养老尊贤,俊杰在位,则有庆,庆以地。入其疆,土地荒芜,遗老失贤,掊克在位,则有让。一不朝则贬其爵,再不朝则削其地,三不朝则六师移之。是故天子讨而不伐,诸侯伐而不讨。"

"五霸者,搂诸侯以伐诸侯者也。故曰五霸者,三王之罪人也。五霸,桓公为盛。葵丘之会诸侯,束牲载书而不歃血。初命曰:'诛不孝,无易树子,无以妾为妻。'

---

① 《孟子·离娄上》第1章。
② 《孟子·离娄上》第20章。
③ "三王"即为夏代之禹王,商代之汤王,周代之文王。
④ "五霸"即为齐桓公,晋文公,秦穆公,宋襄公和楚庄公。

再命曰:'尊贤育才,以彰有德。'三命曰:'敬老慈幼,无忘宾旅。'四命曰:'士无世官,官事无摄,取士必得,无专杀大夫。'五命曰:'无曲防,无遏籴,无有封而不告。'曰:'凡我同盟之人,既盟之后,言归于好。'今之诸侯皆犯此五禁,故曰今之诸侯,五霸之罪人也。"

"长君之恶其罪小,逢君之恶其罪大。今之大夫皆逢君之恶,故曰今之大夫,今之诸侯之罪人也。"①

---

① 《孟子·告子下》第7章。

第十五章　孟子(续)

至此,我们见到,这理想治域并不局限于一个国家,而是以和平方式延伸至整个世界,是为仁义之治。早在孟子之前,这就是儒家学派所珍视的理想,在孟子之后一直兴盛至今。前文已述,古希腊政治哲学倡导先国家后个人,而儒家教义则相反。如今,我们或以为如果社会依照良好的政治体系完善地组织,个体自然会有最好的发展,贡献于公共福利,过上幸福的集体生活,因此以为良好的社会体系最为首要。

有一点需要说明,孟子的学说不是我们所理解的个人主义。因为作为一种哲学思想的个人主义,或者说"私我主义",是诸子百家中杨子的观点。杨子没有留下任何著作,他的学说主要保存在同代人的引述或辩驳中。杨子可能过于彻底地践行了私我主义原则,或说他太过自私,根本想不到别人因为自己的著作而获益。而我们最终见到,即使良好的社会体系也需要合适的人付诸实践,而合适的人又必须有赖于相应的知觉性状态,才能使自己忠实于特定的原则。然而在古代,政府由诸侯王掌控,要先正他们的心,才会如孟子所说的产生良好的结果。现代民主体系中不再有如此多的诸侯王,取而代之的是领导者。以偏于形而上学的方式说之,如果期望领导者对被领导者施以有益的影响,能在某种程度上成就和谐的集体生活,仍有赖于充当领导者之个体知觉性的高等状态。

无数历史事实证明,无论多么完善和完整的规章法律(如今名为"计划"),多么出色的体制,都会衰颓,渐至无用。除非有高上之心思以远见,更重要的是,以善意对其不断地维护、更新和改善。善意在古代称为"善心",神圣之爱(仁)为其宅舍。在此"仁"中存有给予和保持生命的巨大权能。正当地应用这一权能,可为社会乃至个人福乐的不竭之泉。这给予和保持生命的力量即为"天地之大德",即为"恩典(Grace)"。那就是"人类应居于其中的安适宅舍",亦即是所有学者的志向所在。我们可读到如下文字:

> 王子垫问曰:"士何事?"
> 孟子曰:"尚志。"
> 曰:"何谓尚志?"
> 曰:"仁义而已矣。杀一无罪,非仁也。非其有而取之,非义也。居恶在?仁是也。路恶在?义是也。居仁

由义,大人之事备矣。"①

"仁"不离"义"。"杀一无罪"是指以此"而得天下"。"非其有而取之"是指不偷盗,同于佛教五戒之第二戒,在这里是包含在"义"这一更宽广、更积极的原则之中。再看:

> 孟子曰:"霸者之民驩虞如也,王者之民皞皞如也。杀之而不怨,利之而不庸,民日迁善而不知为之者。"
> "夫君子所过者化,所存者神,上下与天地同流,岂曰小补之哉?"②
> 孟子曰:"大人者,言不必信,行不必果,惟义所在。"③

如此我们知道,知觉性高等状态的变化可以很好地解释转化的影响。扩而言之,可以发现老子所言"不言之教"或"无为之事"确实不虚。然而孟子所重端在个人,即少数领导者或统治者,如果他们能成为仁义君子,那么他们在国中所实行的政策和原则自然是合宜的,社会便可进步、繁荣,无论国人知或不知,皆可安足。需行之事总是处于中心,一旦

---

① 《孟子·尽心上》第33章。
② 《孟子·尽心上》第13章。
③ 《孟子·离娄下》第11章。

角度有些许偏离,球面上产生的差异就会很大。即是说,问题应在根本上得到解决。

> 孟子曰:"人有恒言,皆曰'天下国家'。天下之本在国,国之本在家,家之本在身。"①

我们可深入研究孟子对"君子"这一概念的阐述:

> "居天下之广居,立天下之正位,行天下之大道;得志,与民由之;不得志,独行其道。富贵不能淫,贫贱不能移,威武不能屈,此之谓大丈夫。"②
>
> 孟子曰:"大人者,不失其赤子之心者也。"③

"赤子之心"指一种无邪、质朴、纯洁和真挚的状态,伟大的事物只有以此为基础才能建立。这与基督的教诲相同:"你们若不回转,变成小孩子的样式,断不得进天国。"

问题转回到了人的本性,人性必为善。

> 孟子曰:"人之所不学而能者,其良能也;所不虑而知者,其良知也。"

---

① 《孟子·离娄上》第5章。
② 《孟子·滕文公下》第2章。
③ 《孟子·滕文公下》第3章。

> "孩提之童无不知爱其亲者,及其长也,无不知敬其兄也。"
>
> "亲亲,仁也;敬长,义也;无他,达之天下也。"

明代大学者王阳明以"良知"建立一宗大哲学。这段文字引起许多讨论,最终只能说人性中隐含有善的种子,教育可使其生长并得以醇化。怀中的婴孩受母亲养育,因而爱自己的母亲,这爱可转向任何提供养育的人。孩子长大后,会尊敬长者。然而,如果教师过于严苛,孩子的尊敬可能会转向其他人。因此有学者认为,如果没有后续之培养,这里所说的良知和良能便无甚用处了。

前文已述,人性问题一直是哲学讨论和争论的焦点。告子与孟子同时,他认为人性无所谓善或恶。《孟子》一书中有孟子对告子理论的驳斥:

> 告子曰:"性犹杞柳也,义犹桮棬也。以人性为仁义,犹以杞柳为桮棬。"
>
> 孟子曰:"子能顺杞柳之性而以为桮棬乎?将戕贼杞柳而后以为桮棬也?如将戕贼杞柳而以为桮棬,则亦将戕贼人以为仁义与?率天下之人而祸仁义者,必子之言夫!"[1]

---

[1] 《孟子·告子上》第1章。

告子曰:"性犹湍水也,决诸东方则东流,决诸西方则西流。人性之无分於善不善也,犹水之无分於东西也。"

孟子曰:"水信无分於东西,无分於上下乎?人性之善也,犹水之就下也。人无有不善,水无有不下。"

"今夫水,搏而跃之,可使过颡;激而行之,可使在山。是岂水之性哉?其势则然也。人之可使为不善,其性亦犹是也。"①

告子曰:"生之谓性。"

孟子曰:"生之谓性也,犹白之谓白与?"

曰:"然。"

"白羽之白也,犹白雪之白;白雪之白,犹白玉之白欤?"

曰:"然。"

"然则犬之性犹牛之性,牛之性犹人之性欤?"②

告子曰:"食、色,性也。仁,内也,非外也;义,外也,非内也。"

孟子曰:"何以谓仁内义外也?"

曰:"彼长而我长之,非有长於我也。犹彼白而我白

---

① 《孟子·告子上》第2章。
② 《孟子·告子上》第3章。

之,从其白於外也,故谓之外也。"

曰:"异於白马之白也,无以异於白人之白也。不识长马之长也,无以异於长人之长欤?且谓长者义乎?长之者义乎?"

曰:"吾弟则爱之,秦人之弟则不爱也,是以我为悦者也,故谓之内。长楚人之长,亦长吾之长,是以长为悦者也,故谓之外也。"

曰:"耆秦人之炙,无以异於耆吾炙,夫物则亦有然者也,然则耆炙亦有外欤?"①

公都子曰:"告子曰:'性无善无不善也。'"

"或曰:'性可以为善,可以为不善。是故文、武兴则民好善,幽、厉兴则民好暴。'"

"或曰:'有性善,有性不善。是故以尧为君而有象,以瞽瞍为父而有舜,以纣为兄之子且以为君而有微子启、王子比干。'"

"今曰'性善',然则彼皆非欤?"

孟子曰:"乃若其情,则可以为善矣,乃所谓善也。"

"若夫为不善,非才之罪也。"

"恻隐之心,人皆有之;羞恶之心,人皆有之;恭敬之心,人皆有之;是非之心,人皆有之。恻隐之心,仁也;羞恶之心,义也;恭敬之心,礼也;是非之心,智也。仁义礼

---

① 《孟子·告子上》第4章。

智,非由外铄我也,我固有之也,弗思耳矣。故曰:'求则得之,舍则失之。'或相倍蓰而无算者,不能尽其才者也。……"①

孟子论述中使用的推论形式本可发展成为若干思辨哲学,然而事实并未如此。孟子是一位精神导师,纯粹的心思推理哲学在他仅居次位。孟子所教在本质上皆为实用,以侍奉上天之正道教人。我们可读道:

"虽有恶人,斋戒沐浴,则可以祀上帝。"②

孟子曰:"尽其心者,知其性也。知其性,则知天矣。"

"存其心,养其性,所以事天也。"

"殀寿不贰,修身以俟之,所以立命也。"③

此段文字中的"性"同于《中庸》开篇所述的"性",即人的神圣自性。告子或其他人对人性的阐述虽然不为全错,但未曾指向此神圣义。双方所论未能得出确定结果,严格讲,在于所论的对象不同。

稍做些语言学上的辨析将有助于我们的理解。同样的

---

① 《孟子·告子上》第6章。
② 《孟子·离娄下》第25章。
③ 《孟子·尽心上》第1章。

术语也出现在道家文本中,含义略有不同,本书所论以儒家为主,在此暂不作说明。汉语的"心"字也有"思维(mind)"义,因此指整个心思有体,在更高层度上也指"良知(conscience)"。"天"指物理自然,实指更高层度上的上帝,或上帝-良知,也可作为"天命"的简称。"天命"也可称为"上帝之命",狭义可为个人之命运。"life"在英文为一字,在汉语为一词,由"生"和"命"二字组成。自汉代起,"生命"在传统上解释为"天以其统帅人之生存及生长者"。除去少数觉悟的灵魂,个人对天命极少自知。孔子五十岁时才知天命。然而每个人或多或少都能意识到某种形式的天命。个体都受制于在上之命,上帝塑造或"支配"着个体命运,个体必须服从。但这并不意味着盲目地顺从无知无光的命运。个体依照自己的良知行事,个体良知在最高层度上与上帝-良知相符,内心没有任何悔恨、怨憎或不安。英文"恩赐(Blessing)"在中文的含义为"个体道德完满之状态"。个体甚至不应期望从"天"那里得到任何额外的好运。即是说,个体应尽其所能使自己完满,其他则等待天命,或者换个说法,将自己交给上帝。这是正统儒家对待生命的态度,无论个体在生命中遇到何种变故,寿命或长或短,遭遇或幸或不幸,都不应改变面对生命的正确态度。这态度根本上源自对于人性本善的坚信,人应依此而行。

然而教育或培育个人的神圣自性远比相信人性本善要困难得多。我们不禁要问,当如何践行呢?在这里我们第一次遇到"养心"这个词儿,意指保持知觉性的高等状态。这很容易理解,因为关于这个问题,孟子的教诲与东西方所有圣人的教诲相同。我们可读道:

> 孟子曰:"养心莫善於寡欲。其为人也寡欲,虽有不存焉者,寡矣;其为人也多欲,虽有存焉者,寡矣。"①

这仍是就负极的方面说,即去除某物。正极的说,即是培育心和思维中的良知或善。孟子对此有如下阐释:

> 孟子曰:"牛山之木尝美矣,以其郊於大国也,斧斤伐之,可以为美乎?是其日夜之所息,雨露之所润,非无萌蘖之生焉,牛羊又从而牧之,是以若彼濯濯也。人见其濯濯也,以为未尝有材焉,此岂山之性也哉?"

> "虽存乎人者,岂无仁义之心哉?其所以放其良心者,亦犹斧斤之於木也,旦旦而伐之,可以为美乎?其日夜之所息,平旦之气,其好恶与人相近也者几希,则其旦昼之所为,有梏亡之矣。梏之反覆,则其夜气不足以存。夜气不足以存,则其违禽兽不远矣。人见其禽兽也,而以为未尝有才焉者,是岂人之情也哉?"

---

① 《孟子·尽心下》第35章。

"故苟得其养,无物不长;苟失其养,无物不消。"

"孔子曰:'操则存,舍则亡;出入无时,莫知其乡。'惟心之谓与?"①

这段文字对"养"的重要性作了清晰阐释。这里的"气"字或需要解释。日夜交替之时,有平旦之气,即如人休息一夜,感觉清爽,体力恢复。英文有译为"poise(平衡)",与文中"夜气"相同。所有人都有这样的经历,以瑜伽方式言之,即是阿祇尼(Agni)之火升起之时,其中包含所有的善。

有一个故事可以说明个人内中有体的培育自然显现于个人之"气"。

孟子自范之齐,望见齐王之子,喟然叹曰:"居移气,养移体,大哉居乎! 夫非尽人之子与?"

孟子(对弟子)曰:"王子宫室、车马、衣服多与人同,而王子若彼者,其居使之然也。况居天下之广居者乎?"

"鲁君之宋,呼於垤泽之门。守者曰:'此非吾君也,何其声之似我君也?'此无他,居相似也。"②

---

① 《孟子·告子上》第8章。
② 《孟子·尽心上》第36章。

个人内中有体的培育有赖于个人如何生活,即是上文提到的"居"。外部环境影响内中有体,但最终一定是内中有体决定外部生命。我们当然不能说君王的生活会使人成为君王,但在人的灵魂内部一定有可安立的伟大之处。

接下来我们要处理的是整个孟子学说中最难理解的一个问题。说清楚这个问题并非不可能,只是阐释和翻译的可能性多多,以迂回方式才有可能说得清楚。关于圣人之内中成就这一问题,大致不离一个中文词"气",英文有译为"air"者。"气"也指"生命之气(vital breath)",相当于梵文的Prana,为一生理实体。在我们的身体中有一生命之流游走于整个系统,不同于我们的呼出或吸入的空气(air)。我们先看一下物理有体或形式,孟子认为只有圣人才能"践"其物理有体。如下:

> 孟子曰:"形、色,天性也。惟圣人然后可以践形。"[1]

"践形"即是说此形无论美丑,必定不是人的空洞的外部形式,一定有内中的内容填充这形式。这内容就是真理,或善或美。在此种人的形式中,所有身体器官的功能在正常状态下都是良好和完善的,其所应用之目的必须与这良好和完善

---

[1] 《孟子·尽心上》第38章。

相匹配。在此义度中,形式彻底完满,韦檀多哲学称之为"梵形(brahmavarcasam)"。不然,以人之所见,此外部形式或人的形相为最不可靠之聚合。我们无需提及苏格拉底的容貌,甚至孔子也说过自己曾经因为以貌取人而犯过错儿。

> (孟子说:)"夫志,气之帅也;气,体之充也。夫志至焉,气次焉;故曰:'持其志,无暴其气。'"①

充满身体的"气"即是情命有体。两者有一细小差别,"气"重在强调有体的运动,而非有体本身。所以称其为"情命体之运动",更为妥当。通常,世界上严格的宗教戒律有一明显的倾向,即弱化、消减或压制情命体之运动,在儒家看来,却不应如此。相反,纵容和许可情命有体无节制地肆溢同样也是错误的。"气"需要有"志(Will)"为其统帅。进一步的阐释如下:

> (公孙丑问:)"既曰志至焉,气次焉,又曰持其志,无暴其气者,何也?"
>
> 曰:"志壹则动气,气壹则动志也。今夫蹶者趋者,是气也,而反动其心。"②

---

① 《孟子·公孙丑上》第2章。
② 同上。

公孙丑问的是,既然"志"是主帅,只要注意"志"即可,为什么还有留心情命运动呢?回答是,"志"固然可以引领所有情命运动,但是在某些情况下,情命运动会影响"志"。孟子给出的例子是,当人绊倒或跌落时,心思会受到扰乱,或者生出恐惧,开始奔跑。这个例子不算恰当,但我们明白,情命运动确实会影响"志",并将其降低或转变为欲望。这样的例子在生活中很容易见到。愤怒(气)可改变心思,使人放弃原来的决定,或偏离正常轨道。

接下来的问题有关于孟子的内中成就,如下:

(公孙丑又问:)"敢问夫子恶乎长?"

曰:"我知言,我善养吾浩然之气。"①

有英译文将孟子的回答译为:"I understand words. I am skillful in nourishing my vast, flowing passion nature."这句话中的"气"用"passion nature"来翻译是不准确的。用"vast"和"flowing"翻译"浩然"是妥当的,然而更准确的翻译可以是"vast-like"。"气"是个含义多变的字,在这句话中应该翻译为"atmosphere"。不辞辛苦的译者或可将这句话译为"I am skillful in maintain my vast-like Spiritual Atmosphere."

首先,我们看一下孟子如何理解"言"。"言"亦可称

---

① 《孟子·公孙丑上》第 2 章。

"辞",如果是得道之"辞",则需圣人解读。然而孟子所擅长仍在心思层面,他所谓的"言辞"主要指同时代哲学家所持的不同理论。对于这个问题,孟子有如下解答:

> 诐辞知其所蔽,淫辞知其所陷,邪辞知其所离,遁辞知其所穷。生於其心,害於其政;发於其政,害於其事。圣人复起,必从吾言矣。①

这句话的含义非常明了,无需多余的解释。因为无论作者或讲者如何伪装,读者都可以通过文字了解他们的思想和情感。

接下来,我们仔细探讨一下"浩然之气"。

> (公孙丑问:)"敢问何谓浩然之气?"
>
> 曰:"难言也。其为气也,至大至刚,以直养而无害,则塞於天地之间。"
>
> "其为气也,配义与道。无是,馁也。"
>
> "是集义所生者,非义袭而取之也。行有不慊於心,则馁矣。"②

---

① 《孟子·公孙丑上》第2章。
② 同上。

如果孟子认为"浩然之气"难言,我们又当如何言之?孟子的阐述虽然简短,仍可使我们有些具体的了解。"直"与"义"实含于更大的"道"即真理之中。"馁"是饥饿的意思。由此可知,"浩然之气"产生于"道"的自然生长。与"道"相伴,一直得到"道"的维持——即是说,道"养"浩然之气,使其不至于饥饿。浩然之气充塞宇宙,超出言语表述之外,几乎所有获得内中成就的导师都知晓这个精神事实。那么,如何是"道"呢?"道"为一终极的内中经验,只能证实于相同的内中经验,或更大的经验。除此之外,我们别无可说。中国学者从古至今,都是以这段话来指导个人之修为的。

这里不再赘述孟子思想中与前人完全相同的内容了。道德问题,如父亲如何正确对待自己的儿子,或者天才之于普通人,或导师之于询问者。社会问题,如农业社会的基本经济福利,以及和平治域下的理想状况。哲学问题,如驳斥墨子的利他主义和杨子的利己主义,杀身成仁的重要性,以困境磨炼自身以期担负天之大任等等,几乎所有学者都熟悉这些著名的文字。这些文字大都明白可解,无需分别阐述,阐明其中任何一个问题都需要不短的篇幅。引用一段有关孟子内中成就的文字,作为本章的结尾。基督教的先知见到这段文字或许会点头称许,印度教的圣人(Rishi)亦会如此:

孟子曰:"万物皆备於我矣。反身而诚,乐莫大焉。强恕而行,求仁莫近焉。"①

---

① 《孟子·尽心上》第4章。

末 章

古代儒学在孟子之后停滞了,未出现伟大的人物,直至宋明两代再次萌芽,学派林立,形成所谓的新儒家,这是另一主题。

读者阅读至此,或已对孔子的教义以及践行同一道路的儒者有了相当的了解。同时也应知觉到这一主题牵涉甚广,许多困难源于语言的障碍。经典译文中缺少对应词汇,只能选用含义相近者,只有经过语言学的解释,才能有清晰的理解。

除语言之外,心思程式本身也是理解的障碍,中国传统思想不同于现代心思,尤其异于西方心思。仅以算术为例,中国人的计算系统有自己的算盘和记忆法则,亦可轻松得出与使用阿拉伯数字计算相同的结果。随着科学知识的增长,人们不再以古代心思程式思考。古旧事物对我们没有了吸引力,大多数人以之为无趣,方法与品味都已不同了。

无名学者如我是否有能力书写这样一本书,首先表示怀疑的是作者本人。一般而言,拥有与圣人相近的内中觉识才有能力书写圣人,然而作者不敢如此自恃。有一则古代寓言讲穷人谈论黄金("贫子谈金"),他的描述可能是正确的,黄金是黄色的,很有分量等等,但这事仍不免是个闹剧。正相应于一句道家的话:"知而不言,言而不知。"

然而问题要比看起来容易得多。欣赏一件艺术品时,观者无需考虑作品背后的艺术家。当智者都已逝去,他们的文字还在。站在读者的角度看,最重要的是这本书提供了正确的信息,而且值得阅读。作者尽其所能选择最可信、最权威的信息来源,仔细撷取,给出最忠实于原文的译文,做最少的解释,将思考留给读者。如果这本书里的一两行引文甚至一两个字词能够给读者以丰富且真实的益处,那我的写作目的就算达到了,作者的劳作就得到了收获。这实际上是一本选文集。

拜伦森(Bernard Berenson)在《文艺复兴时期意大利画家》一书的序言中说:"你必须仔细欣赏画作,直至融入其中,有一瞬间与之相合。一幅历史悠久的画作,曾赢得无数喜爱,你却爱不起来,欺骗自己说喜爱是毫无用处的。"如果画作如此,古代圣人阐释出的真理更是如此!个人要切身体会这些真理,不仅在一瞬间与之相合,而是永远与之相合。似乎只有如此真诚的方式才能达至高贵的欣赏。

还有一点需要聪慧的读者注意,阅读本书时,不能受制于心思结构。神圣母亲对此曾有过非常明确的说明,如下:

> 以一非常普遍且流布全球的迷信为例,这迷信认为苦行与精神是同一事。如果你说某男人或女人为一精神之人,人们立刻以为这人不进食,或终日枯坐不动,或在一棚屋中过着极度贫苦的生活,或施舍一切所有,不留一物。当你提及精神人物时,一百人中有九十九人的头脑中会立刻升起此种景象;他们用贫穷和弃绝一切享乐或舒适证明自己的精神性。如果你想见到并追随精神的真理,必须抛弃此种心思结构。因为当你诚心立志接近精神生活,你想遇见神圣者,在你的知觉性和生命中实践神圣者;如果你来到一地,非是棚屋,见到一神圣者过着舒适的生活,正常进食,身边围绕着美丽或奢侈的物品,没有将自己的所有分给穷人,而是接受并享受人们赠予他的一切,你当如何? 以你固执的心思准则,定会不知所措地大喊,"为什么,这是怎么回事? 我本以为自己要见的是一精神之人。"此种错误观念需要打破,并去除。一旦去除之后,你会发现另一事,高出你狭隘的苦行准则许多,一彻底的敞开,有体因此不再受限……①

---

① 《母亲的话》卷一,第114—115页。

"不受制于心思结构",正与孔子"四毋"之一在负极方面相合。"子绝四",①第一为"毋意",义指孔子不使论断先行,但并不是说他没有逻辑推理能力或想象力。相反,这正表明孔子的智慧。第二为"毋必",义指孔子不独断,但并不是说他没有好的意见或决定。第三为"毋固",义指孔子不顽固,但并不是说他不能坚持正路。正是因为坚固和"毋必",孔子才能固守于"义""礼",遂被称为"圣之时者",义指能够随时间变化而进步的圣人。第四为"毋我",义指孔子没有私我,仁爱正是生于此处,但并不是说他没有自我培育的"自我"。第一点中也包含偏见和成见,或许无人能完全免除偏见和成见。不能摆脱心思结构的桎梏,就永远无法扩大视野。我们所重视的一点心思知识常常不过是一聚意见、偏见和成见而已,以至常常阻碍新知识的汲取。固执则使进步不为可能。作为解决之途,儒家如道家一样总是强调"空"("无"),只有使心思保持"空"的状态,才能接受别人的意见,或所有的新知识。

如上所见,从外部来看,孔子就是这样一位精神人物。他没有过贫穷的生活,而是过着合乎于贵族身份的相对富足的生活。《论语·乡党第十》详细地记录着孔子的生活,限于篇幅,在此不做叙述。大体上说,孔子遵照古礼过着非常健康和舒适的生活,在成熟的老年自然地离去。他不似耶稣

---

① 《论语·子罕第九》第 4 章。

被钉死在十字架上,不似佛陀归于涅槃,也不似老子如印度隐士(Vanaprastha)一样遁去。如此这般,孔子难道就不是精神导师了吗?

在印度神话中,佛陀正要进入涅槃之门前,目光转回,望向人类,所以他被称为大悲者。"慈"(Maitri)与"悲"(Karuna)有什么根本不同吗?又与"仁"有什么根本不同吗?只是孔子的目光一直望向人类,望向后世之人,望向此世,而他的内中视见一直企向着天或上帝的。孔子曾说:"丘之祷久矣"。孔子一生从未教导过如何止息和完全消除苦痛。他对生命也从未怀有过消极的态度。可以想见,孔门弟子愉快地生活在和谐的氛围中,于不知觉中渐渐转化了自性。我们究竟为何称孔子为圣人呢?孟子作了很有教益的回答:

> 可欲之谓善。
>
> 有诸己之谓信。
>
> 充实之谓美。
>
> 充实而有光辉之谓大。
>
> 大而化之之谓圣。
>
> 圣而不可知之之谓神。①

---

① 《孟子·尽心下》第25章。

译者后记

我生也晚,未尝与徐梵澄先生(1909—2000)谋面;我生也幸,竟与他老人家共事于一个研究所。因此之故,在冥冥中心里总是有了一种说不出的联系,那就是我想为他做一点儿事儿,或确切地说,为着喜爱他的读者们做一点儿事儿。现在,由孙波老师委托我翻译的这本小书《孔学古微》(英文)完成了,可在我心里漾起些许轻松感之时,瞬间又多了几分不安之虞,因为我不敢确定我的工作效果究竟如何。况且,在我读译这本书的过程中,时常有一种奇妙的感受,那就是:当我开卷时,仿佛走近了他;当我掩卷时,他却又隐去了。也许,我对他的熟悉程度还远远不够,然而即便是与他稔熟了,就能真正了解他吗?他曾谈到鲁迅,说:"没有人能窥透那渊深无底的心灵!"(《星花旧影》)也就是说,"渊默"是不可企及的,它是形上之"真实"。由此想到黑格尔的那句话:

"熟知并非真知"。这么来看,我对他的了解才刚刚开始。

我于徐先生学问的"介入",是在2009年上半年,其时为孙波老师校改《徐梵澄传》做些辅助工作。老实说,在此前我还是一个懵懂青年,对于人生没有什么明确的目标和规划。可在那当儿,我的心里受到震动了,我不止一次地问自己:现世中还有这等人物("精神巨子")?历史上还有这般生活("神圣生活")?回答是:有的!我已经听到了他们的声音、见到了他们的容貌。那么温蔼,和平,自信,从容。我不晓得这是否就是基督教所谓的"启明"了。

徐先生在《跋旧作版画》中说:"孔子学琴,久之从曲中见到了作者的面貌,那不是神话和附会之说。""大致只答'用志不纷,乃凝于神',由读其书,知其世,长时心领神会,久亦仿佛取像,如见其人。"我在翻译的过程中也有过这样的"际遇",比如:《徐梵澄传》曾谈到他老人家在陷入昏迷之前,对护理说:"待我睡过去以后,请帮我擦拭一下腿和脚,让它们保持清洁。"(第454页)孙老师在另一篇文章中也谈到了这一情节,他援引了康德的例子加以衬托——康德在殁世前的第九天,他的医生来访,他时已风烛,双目几近失明。他颤抖着从椅子上站了起来,口中喃喃自语。有顷,他的朋友才明白,他坚持要客人先入座。过了一会儿,他积蓄了些力气,对朋友说:"人道之情现在还没有离我而去呢!"——我理解,孙老师在此解读为"尊严"。不错,但还有一个维度,是"孝"。因为他自知不久人世,要干干净净地去见父母了。

《孔学古微》第十二章谈到:"曾子有疾,召门弟子曰:'启予足!启予手!'"徐先生解释说,物理身体得之于父母,应当仔细看护,否则任何不适都会引起父母的伤痛。人们以此为"孝",这是人之最基本的爱,即对父母的爱,尤其是对母亲的爱。在这"其中有一内在的本能力量,如果导向正确,可成为巨大的权能。中国古代教育利用原初动力,成就了一系伟大的文化。"那么父母在哪里呢?在"上帝"("天")之侧。徐先生说,这不是可证的"真理",而是可证的"信仰"。于此,我算不算觉到了他的"心思"呢?或者,"如见其人"呢?

写作《孔学古微》这本书,是在为纪念印度近世圣哲室利·阿罗频多(Sri Auribindo 1872—1950)逝世十周年之讲演以后。彼时,身处南印度的徐先生已经完成了印度经典的大宗译事,开始向西方传播中国传统思想菁华了。既然要向英语世界介绍我们自家的宝什,那么就得依乎他们的心理期待和理解方式来讲述我们的故事,而徐先生又是这么一位道古高手。可想而知,他的演讲获得了很大的成功,并受到"神圣母亲"的表扬,而且于几年后是书甫一问世,立刻售罄。至于读者对这本小书的反响呢,徐先生本人则谦虚地说:"似评价不恶。"何以如此?因为他们读懂了,明白了。比如,他讲"仁"这概念,说为"神圣之爱",这么印度人和西方人一听就明白了,这也就是"大梵之爱"和"上帝之爱"。也许在我们,可能觉得"神圣之爱"稍稍有点儿空泛,其实一经推阐,可知确实不诬:"仁"是一"全德"概念,即以"感通为性,润物为用"(牟宗三语),就是说,它是真生命(精神)之所在,亦是生命之大宗(宇宙),也即"神圣知觉性(天地之心)"的全幅展开(弥漫,无处不在)。"仁者,爱人",这"爱",就是精神之爱,各种善行、美德全部包含在内,如此,它就是宇宙存在的根底。于是乎,这"精神之爱"岂不"神圣"么?

阅读这本小书,知道一点儿韦檀多学的基本概念,会对理解有所帮助,此甚可以阿罗频多的说法为定准。如看宇宙为一大生命的充满与润泽。如知"大梵"一"动"一"静",分"彼"、"此"两个半球,彼面有"真"、"智"、"乐"三观念,此面有"物质"、"情命"、"心思"三观念,两界贯通观念为"超(上)心思",此乃为七条河流或七条原则,彻上彻下,实为一"神圣力"或"神圣知觉性"或"神圣精神"。阿罗频多又分瑜伽为三途(智识瑜伽、行业瑜伽、敬爱瑜伽),自性为两层(高等自性、低等自性),而瑜伽之目的,无非就是要有生之人类"变低等自性为高等自性",最终与"至上者"合契。这与宋儒孜孜以求的"变化气质",以至"与天地合其德"(孔子语)的企向,难道有什么两样吗?读徐先生引《论语》句:"子曰:'有德者必有言,有言者不必有德。仁者必有勇,勇者不必有仁'。"此中有三种德性:"仁"(爱)、"智"(言)、"勇"(行),分别对应三类人,或三条瑜伽之途。仁爱对应敬爱瑜伽,智言对应智识瑜伽,勇行对应行业瑜伽。我们看,"两大完全未曾交会的古代学问(中、印)正是在此处契合,两者对宇宙真理的表述完全相同。然而在儒家,这教导不能分开领受,此

三种途径必须协和与互补,以铸成神圣人格。"(《孔学古微》第五章)

中西,尤其是中印,看待圣人的眼光是不同的,我们更注重德行,他们多看重神通。若果阿罗频多未有什么"先见"之明和"升举"之功,即精神变物质或时势的能力,那么他在印度也可能不会有那么大的声誉。以我们古人为例,他们并不以"俶异之士"为然,二十五史把这种人归之于方技列传,如北宋的邵雍,史书记载他有过人的预知力和其他超自然的能力,但后人就是不把他放入宋诸子之列,王船山还批评他"邵康节志大而好游于公卿之间"。然而在印度人看来,邵雍就是一个大瑜伽师。那么,他们与中国人相通在哪里呢?是在道家那里会合,似乎到了这一层,他们就不乐意再往前走了。徐先生要照顾到他们的感受,故而在娓娓道来的时候,有些话说得有点儿"笼统",如谈到颜子,"颜子为后世学者开辟了一条道路:从外部来看,他具备完好的儒家德性;而在内中,却是简朴至极的道家。"我想他一定是在"境界"意义上讲的,故加上了"境界"二字,意思是去除私欲境(夫子绝四:毋我、毋意、毋必、毋固),在这里,儒道两家相通无疑,但"境界"并非"根底"。所谓"根底",究竟是"有"(Bing),而道家是关乎"非有"(No — Bing)的哲学。虽然,从宇宙论这一方面说,老子仍然是"有"者,然而他并未落实在"仁"(人)上。

另外,有一个通常的观点,说中国传统讲集体,西方传统讲个人。徐先生以古人三年守丧(实为25个月)为例,说这一习俗的主要用意,在于将个人对父母的爱提升为伦理规范,以塑造良好的人格,"为了家族的利益,个体性会受到些许抑制,但绝不同于现代极权国家忽略和抹煞个体性。在某种程度上,家族是社会的堡垒,如果家族培养出良好的成员,他在社会中就是良好的个体。这不同于古希腊,国家第一位,个人第二位(以斯巴达为典型)。在中国,国家第二位,家族第一位(这里主要是指春秋战国时期)。在家族中,个人仍然是第一位的。"(《孔学古微》第十二章)无独有偶,德国哲学家哈贝马斯也持相同的观点,2001年,他访问中国社会科学院,对李铁映院长谈到他来之前读了一点儿东西,按照他的印象,似乎孟子是承认个人地位的。"哈贝马斯的'印象'是有来由的。我们当然不可把孟子的有关思想和现代有关思想等同看待,但我们也不能认为在两者之间存在一条鸿沟,因为孟子也是把个人视为基础单位的,在他那里离开了个人,也就谈不上什么集体,在离娄章句上他对空洞片面地强调集体地位的惯常说法表示异议,明确无疑地表达了这一点,他说'人有恒言,皆曰天下国家。天下之本在国,国之本在家,家之本在身。'"(薛华:《简谈共同精神》2006年)

  徐先生关于儒学的研究,还有另一本小书《陆王学述——一系精神哲学》(上海远东出版社1994年)。初时结稿,大约也只有十万字,编辑以为字数太少,遂请他再作补充,他来了个方便法门,辑一"教言摘录",整整占了37页。

这就是他的作风,话不肯多说,字宁愿少写,干净利落得惊人,这或许符合"真理"的气质,因为真理皆简单或简易。"简易之善配至德"(《易经·系辞上传》),这其中的安宁、幸福与永恒,是宇宙人生真实生命的全部悦乐之体验,可表之于韦檀多学的大"乐"(Ananda)。这"乐"是"学者学此,乐者乐此"之乐,是"仁"的震动,是"神圣之爱"。

读者一定不需要译者这么啰嗦,因为译者的表达是很吃力的,而原文无疑比译文精彩多了,一如徐先生的汉语文章,他的英文也是用雅言写作的,明净无比而又富于节奏感。为了少出错误,也为了避免与他的风格相去太远,在中文经典译回时,仍取原典之文。这本小书的翻译,是在孙波和王健二位老师的耐心督促下得以完成的,译文又经孙波老师的认真校读,以期更贴近徐先生本人的謦欬与气息。当然,疏漏误译之处仍所不免,诚望博达君子予以悉心教正。

李文彬　2014 年 10 月 1 日

图书在版编目(CIP)数据

孔学古微/徐梵澄著,李文彬译,孙波校.
--上海:华东师范大学出版社,2015.6
ISBN 978-7-5675-3793-4

Ⅰ.①孔… Ⅱ.①徐…②李…③孙… Ⅲ.①儒家-哲学思想-思想评论 Ⅳ.①B222.05

中国版本图书馆 CIP 数据核字(2015)第 145329 号

华东师范大学出版社六点分社
企划人 倪为国

本书著作权、版式和装帧设计受世界版权公约和中华人民共和国著作权法保护

六点评论
孔学古微

著　　者	徐梵澄
译　　者	李文彬
校　　者	孙波
责任编辑	倪为国　何花
封面设计	卢晓红

出版发行	华东师范大学出版社
社　　址	上海市中山北路3663号　邮编　200062
网　　址	www.ecnupress.com.cn
电　　话	021-60821666　行政传真　021-62572105
客服电话	021-62865537　门市(邮购)电话　021-62869887
地　　址	上海市中山北路3663号华东师范大学校内先锋路口
网　　店	http://hdsdcbs.tmall.com

印刷者	上海盛隆印务有限公司
开　　本	889×1194　1/32
插　　页	4
印　　张	7.5
字　　数	105千字
版　　次	2015年8月第1版
印　　次	2016年5月第3次
书　　号	ISBN 978-7-5675-3793-4/B·959
定　　价	38.00元

出版人　王焰

(如发现本版图书有印订质量问题,请寄回本社客服中心调换或电话021-62865537联系)

ISBN 978-7-5675-3793-4

定价：38.00元